直击痛点

一分钟职场表达术

李　涵／著

SPM
南方出版传媒
广东人民出版社
·广州·

图书在版编目（CIP）数据

直击痛点：一分钟职场表达术 / 李涵著. — 广州 :广东人民出版社,
2019.6
ISBN 978-7-218-13555-7

Ⅰ. ①直… Ⅱ. ①李… Ⅲ. ①人际关系学 Ⅳ. ①C912.11

中国版本图书馆CIP数据核字(2019)第092901号

ZHIJI TONGDIAN：YIFENZHONG ZHICHANG BIAODASHU
直击痛点：一分钟职场表达术　　李　涵　著

出 版 人：肖风华

责任编辑：李锐锋　冼惠仪
装帧设计：蓝美华　肖乐明

统　　筹：广东人民出版社中山出版有限公司
执　　行：何腾江　吕斯敏
地　　址：中山市中山五路1号中山日报社 8 楼（邮编：528403）
电　　话：（0760）89882926　（0760）89882925

出版发行：广东人民出版社
地　　址：广州市大沙头四马路10号（邮编：510102）
电　　话：（020）83798714（总编室）
传　　真：（020）83780199
网　　址：http：//www.gdpph.com
印　　刷：广东信源彩色印务有限公司
开　　本：787mm × 1092mm　1/32
印　　张：6.5　　　字　　数：128千
版　　次：2019年6月第1版　2019年6月第1次印刷
定　　价：42.80元

如发现印装质量问题影响阅读，请与出版社（0760-89882925）联系调换。
售书热线：（0760）88367862　邮购：（0760）89882925

前言

短短一分钟，开启你的秒表人生

你是否觉得，自己在职场中一直是个“隐形人”？明明很想和大家交流，却不知道话要怎样巧妙地说出口？你是否觉得，同事和领导总是听不懂你要表达什么，明明自己已经说得很明白，但对方理解起来确是南辕北辙、糊里糊涂？

你是否觉得，自己的表达总是杂乱无章，不像别的同事满腹经纶、口吐莲花？你是否觉得，自己在办公室说的话不大讨喜，很多人都不愿意听你表达？你是否觉得，自己找不到让大家感到快乐的说话技巧，也不懂得与异性幽默地聊天？

你是否觉得，在工作当中总会生出很多误会，但你却不知道如何去化解？你是否觉得，领导总是更青睐别人，而不注意听你说话？你是否觉得，明明自己只想当个善良的人，却往往被人当作“免费劳动力”？你是否觉得，明明跟这位同事不熟，却总是被他指使得团团转？

如果你的回答是“Yes”，那么我确定，你非常需要这本《直击痛点：一分钟职场表达术》。

职场是成年人最重要的社交场所，而表达更是我们在社交过程中表现自己的重要手段。如果一个人不懂得如何表达自己，就会与很多机遇失之交臂。因此，修炼自己的职场表达术非常重要。

当然，除了用语言表达自己的观点外，我们还能通过非语言表达的技巧来展现自己。非语言表达，顾名思义，就是使用各种非语言的媒介来帮助自己对外传递消息。这些媒介通常包括对物体的操纵，以及对身体语言的修炼等。在职场中，我们经常会看到一些同事使用眉眼进行“眉目传情”。其实不仅是眼睛，我们的面部、手部、腿部等都可以传达诸如喜悦、恐惧、紧张、兴奋以及不耐烦等情绪。

在一切追求效率化的今天，团队合作的能力也成了各大公司争相加强的要点。跟对外业务拓展一样，内部人员整顿也是公司管理的重中之重。若想真正提高团队合作效率，职场表达能力的修炼及提高必不可少。职场人的社交圈子越来越大，可大家却发现自己越来越孤独，就像默默无闻的无名英雄。虽然工作做得比谁都多，但得到晋升的总不是自己，而是那些会表达的人，为什么？难道真的是“会干的不如会说的”吗？

不，我们都陷入了这样一个误区：在职场中，也要做好事不留名。有时候，我们或许觉得把自己所做的事都表达出来太虚伪，或许觉得自己的努力总会被领导看在眼里。可事实上，如果你想做好事不留名，就不应该有“百尺竿头更进一步”的雄心。如果你想在职场上走得更高、更远，就要把自己做的工作公布于众，彻彻底底地表达出来。

职场不是慈善场合，单位不是慈善机构，你没必要默默无闻。学会表达自己，才能让领导在百忙之中注意到你。如果你自己都不会表达自己，领导又怎么可能在众多员工中关注你呢？

针对职场表达的种种问题，本书用数十个具有说服力的实际案例做了阐述。通过本书，你可以学会在同级和上下级面前表达自己；迅速提高自己的职场表达能力，用最短的时间达成最好的说话效果；一开口就能把话说到点子上，有的放矢，摆脱讲话没重点的烦恼；做到意思表达到位，谈吐打动人心，直击他人痛点！

没有人喜欢冗长、复杂的话，话语再多，没有效果也是枉然。所以在表达时，你的第一要务就是精简语言，在质量上下功夫，尽可能在一分钟内展现自己的观点，直达要点。

本书立足于一分钟职场表达，并通过众多实用而有趣的例子及语言，展现言简意赅的职场表达精简美。本书涵盖情商学、心理学、表达技巧和表达管理等诸多表达要素，从细节入手，涉及职场精准表达的方方面面，对职场表达菜鸟和职场入门者进行潜移默化的引导。

本书能帮助你深入掌握职场表达的要点，切实了解并提高职场表达的重要意义，真正学会一分钟职场表达术。

开门见山，直奔谈话主题，在短短一分钟内，开启自己的秒表人生！《直击痛点：一分钟职场表达术》拥有三大模块，具体针对职场表达的各种技巧逐个攻破，教你在一分钟内“声”入人心，把话要说到他人心坎里。此外，本书还囊括精准表达、幽默表达、化解尴尬、巧言拒绝等高效职场表达技巧，让你把话说得明白、说得到位、说得得体、说得出色。

目录

第一章
说中听的话，别输在不会表达上

第一节　会表达的能力，决定你的职场潜力

第二节　精准表达，会说话才能掌控全局

第三章
魅力言谈，每次开口都能交到朋友

第一节　化解职场尴尬，和任何人都聊得来

第二节　细节决定成败，你需要注意的说话细节

第三节　声情并茂，把话说到心坎上

第一章

说中听的话，别输在不会表达上

你真的会说话吗？

只要是嘴巴健全的人都会说话，这一点毋庸置疑，而只有能判断局势、分明别类，把话说得简洁明了却又恰到好处，方为漂亮的表达。

》 第一节

会表达的能力，决定你的职场潜力

言简意赅，先做会表达的人

有时你是不是觉得特别不公平？明明自己的学习能力比同学更强，工作比同事更努力，策划的产品比对手更有优势，但别人就是比你混得好，工作不比你努力的人反而升职加薪了，产品优势不比你强的人反而拿到了更多订单。你愤愤不平："他们有什么？不过是比我会说话而已！"

对，就是这个"会说话"让他们与你拉开了距离。关键是，这还没有引起你的足够重视，所以，这就是你存在的最大问题。

你从前根本就没意识到学会表达有多重要，在你的概念里，觉得"会表达"不过是一种投机取巧，根本算不上个人的真正实力，所以你很不屑去表达自己。

华为主要创始人、总裁任正非说：“茶壶里煮饺子，倒不出来就不算饺子。”你的能力再强，总要有方法去展示它，如果你表达不出来，那么你的能力还算是能力吗？人们又通过什么去了解你、认识你呢？

因此，会表达也是一种能力，这种能力自古以来都非常重要。无论是过去还是现在，那些会表达的人总能取得不错的成绩。目前，社会上就有一个公认的说法：你的表达能力，决定你未来的潜力。所以，从现在开始，请重视你表达能力的修炼及提升，不要再轻视这个重要的能力了，以免再错失本该属于你的机遇。

我们要学会采用适合自己的方式去表达自己。

像乔布斯，他在介绍苹果产品时，除了自信的语气，还有生动形象的面部表情和夸张到位的肢体动作。通过这样的表达，他更好地诠释了苹果产品的特性。

像马云，他通常从一件小事谈起，然后开始天马行空的想象，再扯到产品主线，最后情绪激昂、激情四射。虽然他身材不算魁梧高大，但是善于利用声音与情绪，营造出强大的气场。通过他铿锵有力的语言和一些肢体动作，完全能感受到他那强大的自信。

1999 年，马云还是一个无名之辈，他凭借自己自信的表达，在6分钟内赢得了孙正义团队2000万美元的投资。事后，孙正义说，是马云的“疯狂”打动了他，让他决定投资阿里巴巴。2002年后，中国互联网迎来了寒冬时期，马云用他的自信感染团队的每一个人，激发起大家工作的积极性，带领员工挺过了那段低潮期，继而迎来阿里巴巴的辉煌。

会表达自己，等于掌握了最直击人心的力量，让更多的人认识自己的能力，从而为自己赢得更多机会。为什么有的人总能获得机会，有的人却总是感叹时运不济，没有伯乐发现自己？要么你根本不是千里马，要么你是一个不会表达的千里马。

如果你可以很好地表达自己，就可以在众人面轻松愉快地展示出自己的才华与能力，这样你才能轻松获得领导的青睐，为自己的未来加分不少。

在公司会议上，别人的发言言简意赅、清晰流畅，分析得头头是道，甚至一开口就能把自己的观点淋漓尽致地展现在听众面前，让听众身心愉悦，很快就能明白他的意思，并根据他提供的材料迅速做出正确的判断；而你的发言生硬呆板，说得颠三倒四、杂乱无章，不会用简洁的语言表达自己，听众听了半天也没明白你到底要说什么，又怎么去判断你的结论到底是对还是错呢？对于你的提案，你觉得能通过吗？

同样是向领导汇报工作，同事在有限的时间里与领导侃侃而谈，还带着激情澎湃的心情，很快让领导明白了他的价值所在。对他的成绩，领导当然赞赏不已。“小王啊，你付出这么多，取得这么多成绩，公司当然不能亏待你，今年就给你加薪！”而你的汇报，半天也没让领导明白你的付出与成果，他或许会想：“这个什么成绩都没有的员工，我是不是应该辞退呢？”

同样去说服客户，别人的表达让客户如沐春风、心情舒畅，让客户感觉是在跟一位老朋友聊天，不知不觉中就签下订单；而你总是词不达意，谈了很久都没能调动起客户的兴趣与激情，也没能拉近与客户的距离，客户当然不会放心把单交给你做。

同样是招商引资，如果你不能在刚开始的一分钟就吸引别人的注意，后面就更加没有人愿意去听。大家的时间都很宝贵，谁会有耐心听下去？在商业洽谈会上，一开始的不凡谈吐，往往会为你的企业加分不少，你优秀的表达能力，能让你获得更多的投资机会。毕竟大多数的投资看重的是未来，只有你的表达深深打动了他，他们才会相信你，并愿意为你掏钱包。

如果你是领导，那么你优秀的表达能力则能让你散发出强大的自信及气场，不仅风采迷人，还能彰显你的个人魅力；在短时间内，感染更多的员工崇拜你、追随你，进而跟你一起去实现梦想。

会表达的人，拥有更广阔的事业前景、更精彩的人生。想要成为企业精英，一定要先学会表达自己，尤其是一分钟职场表达术。只有让别人在一分钟内快速了解你、理解你，并get到你的意思，他们才会愿意与你合作。

想要做人生赢家，就先学会表达。一语中的，让你的话语更有威力！

除了语言，你还可以这样巧妙表达

在央视公益节目《开学第一课》中，主持人董卿有一次采访我国翻译大师许渊冲老先生，许先生当时已年过九十，考虑到老人的实际情况，节目组特意为许老先生准备了椅子，让他坐在椅子上接受采访。

在采访过程中，有一个环节是董卿向孩子们介绍许老先生小时候的英语水平。当时，董卿跪在老人身边，用崇拜又尊敬的眼神看着老人并提问，这一幕给观众留下了很深刻的印象。

中间，董卿又问了关于老人工作的问题。当老人正准备仰头回答时，董卿马上又单膝跪下，与老人保持平视。

后面，老人说自己每晚睡前都要读一篇莎士比亚的作品，这时董卿又跪在老人旁边，用关切又心疼的语气询问老人晚上几点睡觉。

在这个采访中，董卿没有用过多的语言对许老先生进行称赞，但是我们从董卿这从站姿到跪姿的行动上，能够看出董卿对许老先生的尊敬、对许老先生知识才学的崇拜。尤其是当许老先生准备仰头回答问题时，董卿立刻就跪了下来，始终与之保持平视，没有让许老先生仰视着回答问题，这让我们看到了董卿的个人素质和职业修养。

作为主持人中的佼佼者，董卿明白只有让对方觉得公平，采访才能顺利进行，而说话时，与对方平视是尊重对方的基础。

董卿正是通过这些小的细节，让被采访者觉得和她聊天很舒服，如此，被采访者才会愿意将内心深处最真实的东西告诉她。这也是董卿访谈节目做得成功的地方。有时，无须太多语言，通过一些肢体动作就能表达出你的想法。

当下属遇到困难时，不用说太多鼓励的话语，你只需要拍拍他的肩膀，并用坚定的语气告诉他“肯定行”，就能让他信心满满；当同事在外受到委屈回到公司时，无须说太多，只需给他端来一杯热咖啡，就会让他倍感温暖；当同组成员准备去洽谈一个大项目时，不用再交代什么，只需在出发前帮他整理整理衣服和头发，就能让他底气十足。

表达不一定要高谈阔论，有时，一个肯定的眼神和一个动作，就能传递很多信息。

有人说：“我不会说话，该怎么准确表达？”其实不会说话不一定就代表你不会表达，语言虽然是表达的核心部分，我们也确实需要提高自己的语言能力，但除了语言，我们还可以通过其他方式来巧妙表达自己。如果你觉得自己的语言表达能力差，而且一时还提升不了，那么就先看看自己擅长什么，用自己最擅长的方式去表达自己，往往更有信心。

就像有的人口才不好，但是文笔好，那么就尽量用文字，或者用 PPT 去表达自己的观点。开会前先把自己的观点用图文形式呈现出来，开会时用 PPT 给大家讲述，这样同事也能轻松理解你的意思。

有人说自己的文字功夫也不行，那就少说话、多做事，直接用结果向别人展示你的能力。例如，领导给你安排一个项目，你只需要表示会用心完成就行。等到把事情办好，把取得的结果展示出来，别人一样会佩服你的能力，领导也一样看得到你的努力。

其实除了语言外，我们还可以发挥非语言表达技巧来展现自己。非语言表达是指通过某些媒介，而不是通过语言来传递信息。这些媒介通常包括身体语言、副语言和对物体的操纵等。

在日常生活中，人们常说眉目传情，其实不只是眼睛，我们还可以借助面部表情、身体动作来传达诸如高兴、愤怒、痛苦、难过、恐惧、焦急等情绪。假设有一天你正忙着工作，有位同事前来请教你一个问题。你解答完他的问题后，他还没有离开，还在跟你说一些琐事。这时你的内心很焦急，希望他快点离开，你好开展自己的工作，但是出于礼貌，你还得继续听。在这样的情况下，你就可以把椅子往前挪一下，并坐直身子开始整理办公桌上面的文件。如果那位同事稍微有点眼力见，就会聪明地赶紧结束话题而离开。因为你已经通过自己的行动向同事传达了你要开始工作的意思。

有时服装也能帮你传达一些信息。就像一些职场精英很重视自己的服饰穿着，在不同的场合会穿上不同的服装。例如，在工作时会穿上职业套装，给人以专业稳重的感觉；在私下与同事聚会时，则会换上一些休闲服饰，显示出自己随和、轻松、有亲和力的一面。

非语言表达中的副词表达，就是通过非词语的声音，如重音、声调的变化或者停顿等来表达自己。有时一句话真正的意思，不是字面的意思，而是其弦外之音。语音、语调的变化，有时会让同样一句话有着完全相反的意义。当老板说你真行时，不要觉得那是对你的夸奖，也可能是对你的讽刺。

对物体的操纵，就是利用周围的物体和环境来进行非语言表达。在职场中，有时你去拜访他人时，看到对方端起了茶杯却并不喝茶，这时就不要再赖在那里了，那是在暗示你该走了。

在工作中，你可能还会遇到领导下来视察时，看起来很随意地从地上捡起一个垃圾，但是并没有说什么，等领导离开后，就赶紧组织员工来个卫生大扫除吧。这是领导用非语言表达技巧传递出来的意思。

因此，当有的话不好直接说出来时，可以试试非语言表达。有时，换一种方式，效果可能会更好。

在短时间内，说别人最能听得懂的

脸书的创始人马克·艾略特·扎克伯格曾经痛心疾首地感叹道：“脸书中有很多拥有优秀思想的人才，因为不善表达而被埋没。”是啊，古往今来，那些留下丰功伟绩的名人，没有一个不是会正确表达自己的。其实还有很多优秀的人才，因为不会表达而被历史、被众人所遗忘。

罗振宇说过，最重要的职场能力就是表达能力。如果学习是职场的原力，那么表达能力就是职场的基础力。原力决定基础力，基础力又影响着其他能力。如果表达能力不好，那么往往会影响其他能力的进步。

虽然在现代社会，人们的沟通方式多种多样，但是在职场中，对表达能力的要求一直没变，所有的工作还是需要精准、有逻辑的表达，才能推进得更快。

某科技公司准备向海外扩大市场，于是召集市场部的员工开会讨论，探讨公司产品的推广计划。会上，大家踊跃发言，最后选出了两个最具可行性的计划——王欣的A计划和刘雅的B计划。

公司决定，让王欣和刘雅分别在公司内部高层会议上分别阐述自己的计划，然后大家进行投票，得票数多的获得批准。会议上，王欣生动详细地向公司领导介绍了自己的计划，在介绍时还穿插了一些实际数据。介绍完，王欣总结道："根据目前国内外的形势发展，我认为A计划更加合适。我们可以先实行A计划，如果不行再实行B计划。"

刘雅在讲述自己的计划时，因为紧张而说得有点简单，不少关键地方没有足够的数据支撑。她在最后总结时说道："如果实行B计划可能会成功，但是我不能保证。"

最后投票时，王欣的A计划获得了大多数领导的肯定。刘雅在讲述自己的计划时因为表达能力的问题，没能引起领导对其计划的兴趣，并且让领导觉察到了她的不自信。而王欣通过对计划的详细剖析以及精准的表达能力，获得了领导对其计划的认可，并且她的从容自信也给领导留下了深刻的印象。

虽然谁也不知道最后的结果会是什么样，但是苍白无力的表达的确很难引起他人的兴趣，并且表达中的不自信、不确定，也会让听众对你的提议充满怀疑，这无疑会影响到你工作的开展。

在职场中，尤其是需要获得他人认同的提议、提案、计划等，在表达的时候首先要抓住对方的兴趣，对方感兴趣后才会愿意听你的讲解，才可能赞同你的提议。所以在表达时，要注意摒弃那些不确定的、非建设性的、没有任何益处的“有害言辞”。那些“有害言辞”往往给人一种比较软弱的感觉，让别人觉得你能力不够，且底气不足，对于你的提议和观点更不会有所重视。

在职场中还有一些有害的、消极的言辞，通常表达出来的是你不想要的、不起作用的信息，这样的言辞在职场中不受欢迎，应尽量避免使用。如果实在要使用，可以换一种巧妙的说法。

比如，快下班时有同事问你某个文件做好了没，你想说“还没做完，今天不能给你”，不如换成“我明天就可以把它交给你了”，效果更好些。比如，告诫下属“明天不要迟到”，不如换成“你明天八点必须准时到”要更好些。

会表达，不一定就是能说会道，而是让你的想法和观点具有说服力，能说服别人愉快地接受你的观点和看法。有时虽然说了很多，但是没有说服别人，也是无效的表达。

陈立所在的团队为客户设计了一个新的处理系统，他凭借强大的想象力给大家描述了这个方案的整个过程，并且明确指出这样的系统肯定会失败。同事不相信，让陈立拿出有效的证据，证明这个方案不可行。但是陈立根本没法向团队成员表达清楚自己心底的想法，更没有证据支撑自己的说法。不过陈立发挥自己从小就练就的吵架技能，一个人对十几个也毫无压力，最后，他不仅没有让大家接受自己的意见，还被团队开除了。

后来陈立得知，那个系统在运行的第一天就崩坏了。虽然陈立之前预测到了这个结果，却无法用精准有效的语言表达出自己的观点，并且不能和同事好好沟通，以至于被团队排挤出去。

就像希腊神话中的卡珊德拉公主，她有出色的预言能力，但是因为被剥夺了表达能力，以至于她的预言不被世人认同。

话不在多，精简表达自己才是关键。那么，我们为什么不会精简表达自己呢？可能存在以下三个原因。

1. 表达不得要领

出现这样的结果的原因可能是你的知识储备太少了，就像别人在江边的亭子上看到风景时，能写出“落霞与孤鹜齐飞，秋水共长天一色”（唐代王勃《滕王阁序》）的名句，而你只能感叹道：“好多鸟，好大的太阳！”然后就没有然后了。抑或是思路不清晰，连你自己都没想明白，又怎么能跟别人说明白呢？还有一个重要原因就是你的思维太跳跃，让人抓不住思绪。

2. 缺乏关键信息

关键信息是表达中最关键的部分，如果表达中没有一些关键信息，很容易让听众的思维“开小差”。如果听众的思绪都不在了，还怎么会关注你到底想要表达什么呢？

3. 让人难以理解

这个可能是因为听众缺乏相关经验或者基础知识，这时你就得从听众的角度出发，换成他们能听得懂和接受的语言去说，这样他们才能听得明白，才有兴趣听下去。

上面的几种表达问题，很多职场人士都会遇到。究其根源，多数在于表达思维不对，而不是没有掌握好的表达技巧。对于表达思维的问题，该怎么解决呢？我们可以尝试掌握以下三个提升表达能力的基本法则。

1. 一句话法则

经常有意识地把自己要讲述的中心内容概括成一句话，大家听到这句话后就明白你想说的是什么。做到这一点，可以更近一步，并努力达到用一句话去打动目标客户群，获得他们的认同。这个法则能帮你发现问题的关键，赢得客户的认可。

2. 白居易法则

白居易的诗广为流传，就是因为它通俗易懂。相传白居易每写完一首诗，就会念给那些文化水平较低的人听。如果他们没有听懂，那白居易就会修改，直到他们完全听懂为止。

面对一些职场人士，尤其是技术型人士，如果你表达的观点别人总是听不懂，就学学白居易，换一种大家都能听得明白的说法。不要觉得自己说一些大家都听不明白的理论，就能凸显出你的厉害和高深，那样只会让别人认为你的表达有问题。大道至简，越是简单的道理，大家越容易接受。

3. 举事例法则

学会用身边的事例去把难懂的东西形象化。在职场中，经常能看到一些人在讲自己的观点时表述得晦涩难懂，让听的人直打瞌睡，最后的效果好不到哪里去。有的人则不然，他们会利用身边常见的一些事例，把那些枯燥的知识讲得生动有趣，不仅能引起大家的兴趣，还能让大家瞬间明白他要说的是什么。

要做到一分钟精准表达并没有那么难，只要在表达前试着从对方的角度去思考，用对方能听懂的方式去表达，就能瞬间击中对方的心坎，让对方秒懂。

清扫表达中的障碍，一语中的

一家健身房的老板吴左为了生动地向职员说明喝酒对身体的危害，特意做了一个演示实验。他在两个透明的玻璃杯中分别装了清水和白酒，先把蚯蚓放到装有清水的杯子中，蚯蚓快活地游来游去；然后他又将这条蚯蚓放到了装有白酒的杯子中，结果蚯蚓没游几下就瘫软不动了。

吴左问大家对这个实验有什么看法,有人说酒能杀虫，也能伤害人的身体，所以要少喝酒。但是有的职员却认为酒能杀虫，所以要多喝酒，这样胃里才不容易长寄生虫，人体才更健康。

同样的事情，不同的人从不同的角度出发，会得出完全不同的结论，所以我们在表达中要注意，针对不同的对象，同样的话，对方可能会有不同的理解。在职场中，我们也会常常遇到这样的障碍，本来想帮助同事，给他一些建议，结果却让同事误会你在挑他的毛病。为什么会出现这样的误会？主要是你在表达中存在以下障碍。

1. 语言差异造成的障碍

语言是人类最重要的交际工具，是人类表达自己的一种重要手段。人们借助语言，可以传递文明的成果。就语言本身来说，它是社会约定俗成的符号系统，但是社会群体会影响语言的发展，从而造成语言在群体使用中的差异，这些差异会造成一定的语言障碍，形成人们表达中的障碍。

公司新来了一个员工，他在第一天上班做自我介绍时没能注意语言的差异，以致大家都没能听明白他说的是什么，因为他的方言口音太重了。最后，另一名员工找来纸和笔让他写下来，大家才清楚他要表达的意思。

我国幅员辽阔，几乎每个地区都有其地方语言。职场是一个大舞台，大家可能来自五湖四海，所以在表达时就要注意自己的语言，尤其是新进入某个环境，应尽量选择普通话，这样别人更容易知道你表达的是什么。

2. 偏见造成的障碍

在社会中，每个人既是群体的一员，又是独立的个体。由于每个人的语言、记忆、思想、接受事物的能力、生长环境和接受教育的水平等不同，导致认知也不同。人们的认知水平都是有限的、相对的，所以很多人都会带有不同程度的偏见。这种偏见，有时会成为表达中的障碍。

新东方创始人俞敏洪在“2018 年学习力大会”论坛上

说："现在中国是因为女性的堕落导致整个国家的堕落。"此言一出，立刻引起巨大的争议。当晚，俞老师赶紧在微博上道歉，说自己没有表达好才引起广大网友的误会，他想表达的是另外的意思。

其实之所以会造成这样的表达障碍，主要是出于俞老师心中男权思维的偏见。

只要有偏见，即便如俞敏洪老师这样会表达的人都会说错话。所以，无论是在生活中还是在职场上，我们都要尽量摒弃偏见，多听听别人的意见。跟别人沟通时要多点耐心去倾听，表达前要想想自己这个观点是否全面、是否带有自己的偏见。如果自己的观点不够全面，就应抛开自己固有的偏见，多从几个角度去考虑。

3. 地位造成的障碍

你有没有发现，跟同级的人沟通起来很轻松，但是每次跟上级沟通时都倍感压力，这主要是地位不同造成的心理障碍。在职场中，表达的方向有三个——向下、向上和平行。

通常情况下，向上级汇报工作时，常常会担心没有表达好而受到惩罚或领导的白眼，所以有焦虑等心理，无形中增加了表达障碍；向下沟通时，有时因为地位的不同，会给下属带去紧张感和压迫感，也会造成下属表达的障碍；平行沟通时，虽然地位看起来差距不大，但是因为职务高低、资历深浅、成员认可度等因素，也会引发一定的心理压力，造成表达障碍。

为了减少这种因为地位不同而造成的心理压力，在表达前可以有意识地模仿对方的肢体动作，如看老板双手抱肩，你可以双腿交叉；如果老板双臂向后靠在椅子上，你可以把双手支在桌子上来化解老板气势上造成的威压，从而增加自己的信心，让表达更加流畅。

4. 准备不足造成的障碍

在开会中，突然被领导点名让发表意见，而你自己根本就没有事前准备，并且前面大家把你能想到的意见都提过了，怎么办？这时又不能简单地说某某说得挺对，你赞同他的意见，于是只能顾左右而言他。所以如果没有随机应变的能力，那么在每次表达前最好做充分的准备工作，这样可以减少表达中的障碍。

5. 表达不清楚造成的障碍

在职场中，有的人为了显示自己的厉害，卖弄自己的学识，总是说一些让人不明所以的话。可能你会觉得自己知道别人都不知道的东西，能彰显你的学识，但是你想过吗？你说的东西别人都没能听明白，谁又知道你说的是什么了不起的知识呢？要让别人觉得你厉害，你完全可以用大家都能听明白的语言去解说大家都不知道的东西，这样大家才能知道你的过人之处。

6. 缺乏尊重造成的障碍

有些人在别人说话时不专心、不耐烦，态度也很差，常常以高人一等自居，这样对他人缺乏尊重的做法常常会引起对方的对抗情绪，增加沟通的难度。所以在表达中，要坚持真诚的原则，保持友好、礼貌的态度，专心认真地听取他人的意见。即便观点不同，也不要马上反驳，先听别人把话说完，以避免做出错误的结论。

7. 个人表达能力不好造成的障碍

有人因为知识匮乏和思维能力欠缺，不能清晰地表达自己的观点；有人因为不自信，不敢表达自己；有人因为缺乏必要的说话技巧，而无法按照一定的逻辑关系很好地表达自己。想要克服这种障碍，表达好自己，就要针对自己的短板，进行有针对性的训练，如通过学习来扩大自己的知识储备，为表达能力的提升增加素材；同时不要害怕，要大胆表达，挑一些大的场合来锻炼一下自己，这次出错了下次改正就好。

如果不敢尝试，就永远不敢迈出第一步。尽可能多地去刻意练习，只有大量刻意地练习，才能让那些技巧“长”到自己身上，在以后的表达中信手拈来。

没有谁天生就能很好地表达自己，在表达的过程中，总是存在这样那样的障碍，但是只要多加注意，就能避免很多问题。机会总是留给有准备的人，在精准表达前，先提升自己的表达能力吧！多储备、多练习、多说话，让自己的表达更有广度、深度和高度。

“三点论”逻辑表达，短时间内击中人心

刚从名校毕业的张强，因为专业能力特别强而被某公司总经理安排到制造部门任经理。上任后，张强就发现制造部门的很多管理制度都很落后，一些重要的现场数据都不能及时反馈上来，于是张强决定先从生产报表开始改造部门。

张强是个行动派,很快就设计了一套完美的生产报表。可以从这套报表中看出生产环节的每一个细节。为了让工人好好填写这套表格，张强专门开会动员大家，告诉他们好好填写这些表格有利于生产效率的提高，可以及时发现生产中出现的问题。

工人也很听话，每天早上，前一天的所有生产数据都会准时送到张强的办公桌上。看着这些漂亮的数据，张强很高兴，觉得这个改革措施不错。正当张强酝酿下一个改革措施时，生产间出现了一次很大的质量事故，但是张强

并没有从报表上看出来。后来经过了解，张强才知道那些报表上的数据都是工人随意填上去的。

虽然张强又开了几次会强调认真填写生产报表的重要性，但是效果并不理想。后来总经理了解到这件事后，告诉张强：不同的人，站的位置不同，看问题的角度也会不同。大多生产工人只知道好好干活，按时领工资，他们对于填写报表有利于提高生产效率并没有什么想法，认为跟他们没有什么关系，就不会认真填写。如果把认真填报表与其业绩奖金挂钩，他们就能理解了。

张强听了总经理的意见，把认真填写报表与工人的业绩考核挂钩，并强调如果业绩提高，大家还能多拿奖金，效果果然好了很多。

在职场中表达自己的观点和看法时，不要以为所有人都和你的认识、看法是一致的，对不同的人要采取不同的模式，要用他们能听得懂的“语言”去表达。只有这样，你的表达才更容易被对方接受。

表达能力的高低，与说话的多少不成正比。有人说起话来头头是道，看起来好像表达能力很强的样子，不过所表达的点根本就没有说到对方心里去，也没能起到什么效果，这样的无效表达也是表达能力低的一种。就像上面例子中的张强，虽然强调了很多认真填写生产报表的重要性，但是工人根本就没听进去，这样的表达就是无效的。

在职场中，大家的时间都很宝贵，没有谁愿意听你的长篇大论。如果你的观点冗长、没有逻辑，不能在短时间内击中人心，那么你很快就会被领导和同事嫌弃。怎样才能提高自己的表达能力，用简洁、有逻辑的话语，在短时间甚至在一分钟内表达自己的看法，达到自己的目标呢?

1. 找准切入点

有时候，我们不知道怎么表达，是因为没有找到一个合适的切入点，如果找到这个点，你会发现自己也能表达得很好。可以根据表达的主题内容去寻找，即便是同一个内容，但是我们可以换一个角度去阐述。有一些主题，除了正反两面，还可以从侧面去阐述。

就像滥竽充数的故事，除了批评别人没有真才实学，还可以从管理的角度分析为什么会有滥竽充数的现象存在。换一个角度，还可以从励志方面去说，可能刚开始靠管理的漏洞进入的人，后来经过努力练习，也能达到应有的水平。再换一个角度，还可以从胆识的角度去分析。再换一个角度，还可以从那人对时机的把握上分析。

同样一个老套的故事，换一个角度思考，就能讲出新意。所以，请选择一个自己最擅长的角度去表达吧。

2. 三点论

那些会表达的人通常会说："对于这个问题，我有三点看法。""三"有什么魔力，竟然会受到这么多人的欢迎？英国经济学家、逻辑学家威廉·杰沃斯说：如果往盘子里扔豆子，扫一眼就报出数字，扔三个时你肯定能数对；当扔五个时，你就会开始出错；到扔十个时，出错的概率达到一半；扔到十五个时，几乎每次都会数错。

同样，当你发表自己的观点和看法时，如果是三点，大家都容易记住。如果超过三点，大家记住的概率就会降低。观点越多，大家能记住的可能性就越低。所以，下次再发表自己的观点和看法时，不要说得太多，超过三个也就没人能记住了。即使你有很多独特的观点，也尽可能把它浓缩到三点吧，这是很多人经过长期实践得出来的、非常实用的提高表达能力的方法。

不过要做到三点论，也不是那么简单，这里通常有一定的逻辑性。一般三点论的逻辑框架为：

是什么？为什么？怎么做？

过去，现在，未来；

高层，中层，基层；

行业，公司，竞争对手。

当然，三点论的逻辑框架还有其他，在应用时可以多加总结。虽然三点论能让人迅速抓到你表达的要点，但是三点论并不适用于所有场合，大家运用的时候要注意辨别。

3. 结论优先

在职场中，尤其那些公司高层，因为事务繁忙，时间有限，想要吸引他们的注意，应尽量先说出你的结论。如果对于你的结论，他很感兴趣，那么他才愿意花时间听你的讲解。在那些以成果为目的的商务汇报、研究汇报及成果汇报中，需要先把强有力的结论告知对方。对方对你的结论感兴趣时，就会仔细聆听；如果他们不感兴趣，你说再多也没有用。

在日常工作中，我们可以尝试先把自己的话总结成一个个的要点，然后按照一定的逻辑顺序表达出来。这个顺序可以参考前面的三点论，用倒金字塔的表达方式，先说结论，然后按照正常的表达方式进行表达。

在工作或者生活中，表达无处不在。在表达的过程中，下意识地训练自己的表达能力，一段时间之后，你会发现自己的表达能力提高不少。

》 第二节

精准表达，会说话才能掌控全局

主动出击，方能直撼人心

郑如毕业后到一家单位上班。上班前父母一再告诫她“祸从口出”，让她少说话、多做事，不要随便表达自己的看法，这样才能给领导、同事留下一个好印象。

上班之后，郑如谨记父母的教诲：和同事聊天时，她谨言慎行，从不发表自己的看法，别人的观点即便自己再不苟同，害怕别人不高兴，她也绝不提反对意见，而是随声附和；开会时，领导让大家发表自己的意见和建议时，她从不主动表达自己，直到领导点名让她说，她才说：“刚才，×× 说得挺对……”

一段时间后，郑如发现自己的谨言慎行并没有获得同事和领导的好感，自己反而成了公司里的“隐形人”，大家不再听取她的意见。即使偶尔说了自己的意见，也没有人愿意认真去听，更别说采纳了。郑如很困惑：“难道不主动表达也不对吗？”

对的，在职场中，不愿主动表达自己的观点和看法，就等于自动放弃了展示自我的机会，放弃了让大家了解你才能的机会，放弃了领导认识你能力的机会，也放弃了自己晋升的机会。不过，你为什么不愿意主动表达自己呢？

是因为害怕？害怕自己的观点发表之后，别人会觉得不对，从而引起对方的嘲笑，于是你遇到事情就三缄其口，不愿表达自己；是因为自卑？害怕在公共场合讲话时，大家的眼光都集中在自己身上，到时会闹出笑话，于是能不说则不说；是因为无所谓？有时觉得多一事不如少一事，那么与自己无关的事能不参与就不参与，以免引起不必要的麻烦；还是因为赌气和委屈？“你不是说我错了吗？那就是我的错好了。既然你都这样认为了，我还说什么呢？”

可能还有很多其他原因导致我们有时不愿意主动表达自己，但是你有没有想过，在职场中，如果不主动表达自己，别人又怎么来了解你，并发现你的优点，进而与你开展合作呢？如果你不愿意表达自己，别人又怎么知道你的目的是什么、你的条件是什么？又怎么知道与你合作到底合不合适呢？

如果你总是表现得很被动，那么时间一长，就容易被别人忽视，被别人认为这是你没有能力的表现。就像上面的郑如一样，因为总不愿意表达自己，结果成为公司的“隐形人”，这样当有升职加薪的好机会时，又有谁会首先想到她呢？

想在沟通中，一开口就能把话说到点子上，甚至说进别人的心坎，前提是主动、积极地表达自己，继而慢慢养成迅速、简洁地表达自我的习惯，才能逐渐练就一分钟职场表达术。职场也是一个小社会，人与人之间需要分工协作，当你的人际关系很差时，没有人愿意帮助你。在这个人与人沟通日益频繁的年代，你的封闭只会害了自己，让自己丧失话语权。所以在职场中，该主动发表自己的观点和看法时一定不要忍着，要勇敢地表达出来。

要做到主动表达，就要主动出击！根据自己的性格特点和工作需要，建立适合自己的知识体系，不断增加自己的口头和书面表达素材。如果要快速积累素材和提升表达能力，那就多看书，推荐大家阅读：可以提供素材、内容和规范的书籍；可以提供思维方法和提升思考能力的书籍；文学类、文学史类、演讲类和沟通技巧类书籍；专业提升表达、沟通技巧的书籍。

无论是书面表达还是口头表达，都有一定技巧，通过学习和练习，我们都可以掌握。试想，如果没有掌握表达的技巧，即便你满腹经纶，也不可能清晰、明确、快速、有逻辑地表达出自己的观点，更别提说服别人了。所以，我们要系统地学习一些专业的表达知识，掌握必要的表达方式、方法和技巧。只有这样，才能灵活运用平时积累的素材来表达自己，也只有这样，才能在短时间内运用自己的知识储备去直击沟通重点，把话说到点子上。

另外，要克服害怕表达的心理障碍，主动出击，针对自己的短处进行大量、反复的练习。想要提高自己的表达能力，就不要害怕在大众面前表达自己，即便讲得不好，被人耻笑也不要在意，谁刚开始时就是那么完美呢？

最后就是大量实践，并加强练习。想要流畅表达自己还是需要通过不断的实践，在实践中发现自己的缺点。知道自己欠缺什么，再努力加以改正。只有不断地实战训练，才能快速提升个人的表达能力，快速抓住别人想要的点。

个人表达能力是个人知识储备、学习能力和自身综合能力的系统性反应，我们不仅要用心学习，记住关键的东西，并不断练习。表达能力提高后，你会发现，在一分钟内完整地介绍自己、推销自己，取得他人信赖，是一件多么简单的事。

借助熟悉的事物，让对方秒懂你的意思

有时我们很难将一件抽象的事情向对方解释清楚时，就可以换一个角度，用对方熟悉的事物做类比，让他秒懂你的意思。

苏文刚到投资银行上班，对于什么是投资银行还是一知半解，于是跑去请教一位前辈。

前辈没有解释什么，而是随意拿起桌子上的烂水果问道："如果让你把这些水果卖出去，你打算怎么卖呢？"

苏文说："前辈，这个水果打折都不一定有人要啊，怎么卖得出去？"

前辈没有说话，而是拿起旁边的水果刀，把烂水果去皮切块，摆出一个漂亮的水果盘，然后说道："这样就可以用更高的价格卖出去，这就是投资银行，明白了吗？"

对于刚入职的菜鸟来说，如果用专业化的词语很难将投资银行解释清楚，但是前辈没有那么做，他明白即便说得再详细，苏文还是不会明白。于是他另辟蹊径，用生活中常见的事情做类比，把投资银行的精髓生动地展现出来，让苏文秒懂投资银行的本质。

无论在工作还是生活中，我们常常会遇到一些新的问题，

或者一些之前没有接触过或者了解的事情，这时我们的大脑会习惯性地用熟悉的模式去理解。因为大脑的这种特性，我们想让别人清楚明白我们的意思，说服别人接受我们的观点和想法，尤其是那些抽象、难懂的事物时，就可以应用类比的思维模式，充分利用已有的知识、经验，从对方熟悉的领域切入，把抽象、难懂的问题与对方熟知的相似事物做类比，让对方很快理解你的观点和看法。

类比思维，就是把两个具有相同或相似特征的事物进行对比，从某一事物已知的特征去推测另一事物相应特征存在的思维模式。类比思维一般通过联想、比喻、比较、推理等来表达。通过类比思维，在类比中联想，从而升华思维，就能让对方短时间内明白你的意思。

中国很多城市都提出了要建设“国际化大都市”的目标，但究竟什么是国际化大都市，很多人并不清楚。于是中央电视台的主持人解释道：国际化大都市的人均国内生产总值在 3000 — 5000 美元。

不过这样说，大家还是没有清晰的认识，于是主持人从中国人熟悉的大都市做类比，继续解释道：香港和新加坡是大家公认的大都市，北京、上海、广州是国内人均生产总值的前三名，但也只是香港、新加坡的十分之一。

这样一类比，就让大家明白了国际化大都市到底是什么。

想让别人听懂你的话，就要把话说得简洁易懂。在前面，我们介绍了一句话法则、白居易法则、举事例法则，在遇到对方不能明白的事物时，可以借助这些法则，用另一种方式让对方理解并认同你的观点。

比如，在教学中，怎样跟学生说明我们肉眼根本看不到的原子与原子核大小的区别呢？用那些数字是没有意义的，因为大家没有具体的概念，于是老师把原子比作一个操场，把原子核比作操场上的一只蚂蚁，这样一比较，学生很快就明白了二者的区别。

在工作中，对于一些微观且难以理解的事情，我们也可以利用生活中这些常见的事物进行类比，让别人瞬间就明白你的意思。不过在类比时，要注意类比东西的选择，这关系到对方能否秒懂你的意思。如果你选择的是那些对方知道的、了解的，那么对方很快就能理解；如果你选择的是对方根本就不知道的，那对方还是无法理解。所以在类比时，事例的选择很重要。

对于类比的事例，我们要尽量选择生活中常见的、大家都熟悉的东西，避开那些专业的、大家感到生疏的。如果在熟悉的基础上，再加上有趣、形象的描述，那就更好了，这样对方听起来会更加明白，且记忆深刻。对方也会觉得你是一个会表达、幽默有趣的人，除了愿意接受你的观点和看法，还愿意认可你这个人。认可一个人是表达的最终结果，我们努力地学习表达，不就是为了得到他人的认可吗？

当年华为还在创业初期，一次会后，华为创始人任正非问员工："你们知道10年后华为的最大问题是什么吗？"正当大家凝神思考时，任正非坚定地说："是钱多得不知道怎么花。所以你们买房时客厅可以小一点，卧室可以小一点，卫生间可以小一点，但是阳台一定要大一点！并且还要买一个大耙子，这样天气好的时候，就可以在阳台上晒钱了，否则你们的钱就全发霉了。"

任正非通过类比，让员工相信他、追随他，然后鼓励大家一起为华为的发展贡献力量。正是这种信任，让华为挺过了艰难的创业期，并抓住时代发展的契机，成为世界知名企业。

想要取得事业上的成功，都离不开他人的支持与帮助，即便做个普通职员，还要得到上司的认可。只有被认可，才会有成功晋升的机会，而会表达就是我们获得认可的一种有效方式，学会了表达，也就抓住了成功的机会。

摒弃杂乱无章的表达，让话语更有逻辑

你有没有这方面的困扰：在思考问题时，总是抓不住问题的头绪，找不到解决问题的关键；在需要做决定时，总是犹豫不决，无法取舍；在沟通表达时，总是说得杂乱无章，让人不知所云？

周一的早晨，销售部的王总接到下属刘经理打来的紧急电话，说公司销售部的马行在高速公路上与一辆大货车相撞，马行当场身亡，对方司机重伤，正在抢救之中。与马行同车的公司销售人员李刚、常新也有不同程度的受伤，但无生命危险。目前事故责任还不确定，刘经理正准备前去处理相关事宜，询问王总相关应对措施。

王总马上安排道："小刘，你先向总裁汇报这件事情，然后联系医院，让他们尽全力抢救我们公司受伤人员，再联系保险公司，问问理赔的事情。

还有，联系伤亡员工的家属，对了，一定要跟交警确定事故责任，要全力维护好公司的利益。

另外，让销售部做好交接工作，确保货物的安全，并马上跟供应商取得联系，向他们说明情况，取得他们的理解。

总之，你按公司的预案流程先成立事故处理小组，处

理相关事宜，还有做好伤员家属前往事故发生地的准备。快去办吧。”

这位王总把需要处理的事情的各方面都想到了，但是在表达的时候太混乱，根本让下属摸不着头绪。如果你是这位王总的下属，听到这里，是不是思维直接凌乱了：“对了，王总先让我做什么来着？还有什么需要注意的？我到底应该怎么办？”

人的大脑跟电脑存储空间一样，容量是有限的，并且人的记忆还不像电脑那样可以永久记忆，而是很容易遗忘。所以我们在接受信息时，都希望对方能够直接先给一个观点，然后再详细地展开。不过很多人都喜欢先说细节，最后再说自己的观点，这样就让人听起来摸不着头绪，甚至杂乱无章。

想要让别人尽快明白你的意思，首先得抛出自己的观点或主题，再讲细节，这样才能让人听起来清晰明了，也更容易记住。

其次在表达时，如果事情比较繁杂，那就先进行分类。把事情分类好再表达，会让对方觉得简单明了，也更容易明白你的意思。就拿前面王总安排工作的事例来说，在事情分类时，可以按照组织内、组织外去分，也可以按照人员的处理、事故的处理及业务的处理去分类，这样更有条理，且思维清晰。

对于一些复杂的事情，不是分分类就能解决的，我们还要对分类的事进行必要的概括总结，这样才能表达清晰。就像王总在回复中已经进行分类，但是因为没有做总结，让听的人还是觉得杂乱无章，不知所措。

如果按对内、对外的原则，对上面王总的回复做个分类和概括，那么对内可概括为向上汇报并让销售部做好善后处理，对外概括为协调维护好员工和公司的利益。

如果按人员、事故和业务的划分来分类概括：第一，确保伤员的抢救和安排好伤员家属；第二，与单位、部门做好协调，维护好公司的利益；第三，让销售部做好货物和供应商的善后处理。

最后对分类总结好的事情按照轻重缓急的顺序去和对方沟通，如把救治伤员排在首位，或者按照处理事情的先后顺序，如出发前做什么、在路上做什么、到了现场做什么等。这样有逻辑的安排，往往让对方能在短时间内明白你的意思，也知道该怎么去处理这件事了。因此，不论采取哪种顺序，都要符合一定的逻辑，这样听的人才能更容易理解和记忆。

针对上面几点分析，有人说："这些办法虽然很好，但是我的概括能力有限，我该怎么表达出来？"可以先列出要点，然后找到它们的共性，最后做出结论。

例如，有一张图，标题写着线上业务变化，下面图形标着2014 年 20%、2015 年 22%、2016 年 25%、2017 年 27%、2018 年 30%。对这个，我们可以怎么概括呢？可以概括为线上业务逐年增长，也可以总结为五年来线上业务逐步增长，或者概括为线上业务增长缓慢等。

当很多要素放在一起时，你会发现它的结论是没有标准答案的，至于到底要怎么概括，取决于你想要跟对方表达什么观点。在表达过程中，如果你没有得出一个结论，可能对方会得出另一个结论，这个结论很可能与你要表达的结论相反。

当需要表达的东西太多时，一定要概括出明确的结论，并清晰表达给对方，这样在方便对方记忆的同时，他也能依照你的结论做出其他工作安排。

》 第三节

有效表达，
做受欢迎的社交达人

一开口打动人心，沟通前先明确自己的目的

很多职场入门者都知道职场表达术的重要性，也经常主动去沟通，但是常常发现自己这样做后并没有起到什么效果，于是单纯地认为：沟通也不过如此。

其实不是沟通无效，而是表达者根本没有意识到是沟通无效的原因在于自己没能准确表达出自己的沟通目的。

即使给你一分钟去表达，没有明确的沟通目的，再快的语速，或再多的言语，或再多的数据，也无法支撑起你的整个表达过程，这就是失败的职场表达。

熊洋刚上班就被部门经理叫到办公室里。经理说："熊洋，这个月底要开市场分析会，你这几天辛苦一下，写个市场分析报告。记住，要快点行动，因为时间紧、任务重，抓紧时间做吧。"

熊洋从办公室出来后，对于经理安排的工作感到很迷茫：经理让我写市场分析报告，这个报告到底是什么样的？需要我自己去做市场调研，了解客户需求吗？需要结合公司的营销战略，围绕战略执行做深入分析吗？这个报告需要用上数据吗？里面要提出对各个销售大区具有指导意义的方案吗？

在安排工作时，经理没有明确表达自己的目的，让熊洋对经理安排的任务不知如何开展，导致熊洋猜来猜去，浪费更多时间和精力。如果熊洋不去向经理问清楚，按自己猜测的想法去写，写出来的分析报告很可能不是经理满意的，到时得浪费更多时间。所以在沟通前，一定要明确自己的目的。

当一个员工敲响管理者的办公室门之前，他必须明白自己的目的是什么，是汇报工作还是就相关问题展开讨论。如果是就某些问题展开讨论，那么想从管理者那里获得什么资源和支持，是为了表现自己的能力，还是部门的整体绩效，都需要先弄清楚。

作为管理者也一样，当准备和员工探讨某一问题时，是为了提醒员工不再犯错，还是对员工的工作进行指导，这里又可分为对员工的工作方法或思路进行指导。只有这样，每次沟通前都有一个明确的目标，才能提高沟通的效率，让沟通开门见山，直奔主题，不浪费一分一秒。

当然，管理者与员工沟通时，除了清楚自己的目标，还要正确认识员工，如员工的思想状态、能力现状、绩效表现等都要有所了解。了解员工的这些情况后，管理者才能理解员工对工作任务的感受，才能知道员工对自己的目标是怎样理解的。如果员工没有考虑或者想清楚，作为管理者，又要如何去做呢？该采取什么样的方式和员工达成共识？只有把这些都考虑进去，才能顺利达到沟通的目的，否则将浪费彼此更多时间。

一般情况下，沟通的目的是获取自己所需要的信息。具体说来，沟通的目的主要有三点：把信息准确传递给对方；希望从对方那里获取信息；希望获得行动上的响应。所以，在与人沟通前，思考一下自己的目的是什么，方能在最短的时间内恰到好处地达成目标，获得自己想要的。

职场沟通不需要做过多的气氛渲染，重在效率，所以沟通的目的应该清晰而明确，并且在一开始就要表达出来。根据沟通目的不同，我们选择的句式也会不同。一般沟通的句式可分以下几类——告知式沟通、疑问式沟通、使动式沟通。

我们之所以要沟通，就是为了传递信息，告知是一种最基本的信息传递，是一种单方面的表达，也是互动性最弱的一种沟通。这种告知有时不会刻意区分对象，就像公共场合中的“禁止吸烟”。一般情况下，告知类沟通会使用“请注意/请确认”“请悉知”“仅供参考”等词语。这个词语根据双方的地位、关系不同而会选择不同的词语。

疑问式沟通的目的主要在于获得相关的信息。从信息的内容上又可以分为封闭式（yes or no）和开放式沟通（what、why、when、where、who、how）。一般封闭式沟通只需要得到肯定或者否定的信息，而开放式沟通是为了获得更多的信息。

比如，领导问财务总监：“如果我们对存货执行精确的盘点程序，能消除误差吗？”这时财务总监只需要回答是或者不是就行了。如果都不能准确回答，那就加上一些限定性条件，或者对问题进行补充修正，如财务总监可以说：“如果能保证100%的存货都能盘点到，那么是能消除误差的。”

对于开放的疑问式沟通，通常代表着发起者获得一些更详细的信息，这时回复者就需要就内容有条不紊地展开回复。

使动式沟通的目的就是使别人进行相关的动作。不过有时，这种沟通方式也会用疑问式的语句表达，像：“可不可以麻烦你帮我打一份文件？谢谢。”虽然是疑问句，但是礼貌地表达，本质上还是一种使动式沟通。这种使动式沟通通常用于工作安排、命令、请求。使动式沟通都带有很强的指向性，沟通时不要带上太多其他信息，以免混淆沟通的目的，降低沟通的效果。

如果我们需要沟通的事情比较多，可以按照一定的顺序罗列开来。如果同时有很多事情需要沟通，一般可以先打个招呼，好让别人有心理准备。比如，你可以这样跟同事说："小李，我有三个问题需要跟你沟通一下……"在问题多的时候，每个问题之间最好保持界限，让它们相对独立起来，用 1、2、3 的方法把每个问题隔离开，这样能保证信息最大程度地传达到接受者脑海里。此外，还可以按时间顺序、因果顺序、逻辑顺序等进行沟通。

在表达时，要考虑表达者和接受者在信息、知识、技能等方面的不对等和判断的误差，这些误差的存在会使沟通变得更加复杂。当需要沟通的事情复杂时，我们可以用"总—分—总"的结构来表达，这样可以消除某些不利因素存在的影响。

总之，沟通前明确沟通的目的，并了解对方一些情况，在沟通过程中根据具体的目的采用不同的句式。如果沟通的事情比较多，就按顺序展开。如果事情比较复杂，就采用"总—分—总"的结构来优化。你会发现这样表达，更容易达成目标。

选择最适合自己的表达方式，方能游刃有余

除了单纯的语言，还可以用文字、演讲、视频、图像、舞蹈、漫画、歌唱等方式来表达自己。就像梅兰芳通过京剧诠释自己，张爱玲通过小说展示自己的内心，达·芬奇通过图画表达自己的观点，贝多芬用音乐向世人展示自己的桀骜不驯，我们也可以用自己最擅长的方式来表达自己。表达方式没有好坏之分、没有强弱之别，主要看哪种方式最适合你自己。

如果你不擅长说话，但擅长用文字表达自己，那么就发挥自己文字表达的优势，用文字好好表达自己就好。当我们想向领导提意见时，如果担心自己当面说话时会紧张，表达不好，那就用文字把自己的意见整理出来，有条理、有说服力，交给领导，也是一个不错的方式。

有人说“我对文字的反应很迟钝，但我对图形很敏感”，那么可以通过绘画来表达自己。就像著名漫画家朱德庸，他小时候因为对文字类的东西接受起来非常困难，许多学校都不愿意招收他，但是他特别喜欢画画，总是用画去表达自己内心的想法，最后有媒体愿意专门为他开设漫画专栏。后来他画出了很多脍炙人口的作品。我们也可以像朱德庸那样把自己的想法用漫画的方式表达出来，说不定，因为方式独特，还会备受欢迎呢。

如果你觉得自己擅长演讲，擅长在人群中发表自己的观点和看法，那么可以选择在开会或者其他能公开表现自己的地方展示自己，让别人看到自己的闪光点。不过在演讲前，一定要找到自己演讲稿或者演讲方式的独特性，让你的演讲可以让人耳目一新，这样才能给人留下深刻的印象。

有的人擅长用说话来表达自己，但是不擅长讲道理，而是擅长讲故事，那就用故事来表达自己好了。在讲故事时，要有意识地让你的故事有冲突，情节能跌宕起伏，这样才能激发起大家的兴趣，让他们的眼睛和耳朵专为你一人。

有人说“我没有什么擅长的表达方式”，那么你会听吗？有时倾听也是一种非常好的表达方式，能用心去倾听别人说话的人通常都会受到欢迎。就像我们通常会说某个人说话太多了，但是从来没埋怨过某个人听得太多。

谢文是一个不太会说话的销售员，他知道自己的缺点后，跟客户沟通时尽量自己少说话，让客户多说话。谢文不再多说话后，他的销售业绩开始突飞猛进，很多客户都十分认可他。

一天，谢文前去拜访一个客户何总，何总正喜滋滋地把玩着一个淘来的茶壶，看到谢文前来，就很开心地邀请他过来一起看。但是对于陶瓷、茶壶、窑等，谢文一点都不懂。何总对谢文说："这个茶壶真是妙绝了！"谢文想着自己对这方面什么也不懂，与其搜肠刮肚地想一些不怎么好的回复，让何总扫兴，还不如直接重复说，于是就说："是啊，真是妙绝了。"

得到回应的何总又说道："为什么现在的人就烧不出这样细腻的茶壶呢？"如果是一般的销售人员，就会在这个时候开始表现自己，说一些自己知道的人和事，或者直接诚实地说自己对这方面不懂。

但是谢文并没有这么做，他觉得这时如果表现自己就是对何总的打击，如果直接说自己不懂的话，话题很快就会终止，不利于和何总谈后面的生意。于是，谢文就简单重复何总的话："确实是啊，现在很少看到这样细腻的茶壶了。"

何总接着说："我也不知道这是手艺的问题，还是窑的问题。"

很多人听到这样的疑问句，就会回答这是手艺的问题，或者是窑的问题。如果回答完，确实能说出令人信服的理由就会给自己加分；如果根本说不出个子丑寅卯，还是别瞎说了。谢文很清楚自己根本就回答不好，于是说："是啊，真的说不清楚到底是手艺的问题还是窑的问题。"

后来何总跟谢文又说了很多，大多是何总说，谢文偶尔插句话，不过何总说得很开心，高兴之余顺便把谢文的单给签了。

上例中，谢文明白自己的短处，也知道自己对茶壶知识的欠缺，所以在何总面前没有卖弄自己，也没有诚实说出自己不懂的真相，因为他知道一旦说出真相，就会让何总扫兴，话题将很难继续下去，还会影响何总的心情，让自己后续的销售目标很难达到。所以，谢文就采取了简单重复何总意思的话语，虽然话不多，却能让话题得以顺利进行下去，并让何总保持一个好心情，最后达成了自己的目的。

在选择表达方式时，除了考虑我们是否擅长外，还要考虑不同的场合和对象。比如，在公司内或公司外，在会议室或茶水间，在跟上级的聚会上或跟下级的聚会中，是跟客户聊天还是和同事聊天等，都应该根据不同的地点和对象，去选择不同的表达方式。有的表达方式可能适合对下属，但不一定适合对上级，所以要分清对象。有的表达方式适合在公司外，如果在公司内就不太适合了，所以场合不同，也要切换不同的表达方式。

在表达自己时，先仔细分析一下自己的优点和缺点，对于自己的优缺点分析做到心里有数，这样当遇到突发情况时就可以快速用自己最擅长的方式去表达，取得最佳的结果。扬长避短，在职场中非常重要，有不少人因为不了解自己，选择了错误的表达方式而耽误了自己的前程，这是十分可惜的。

在职场中游刃有余的人，往往能根据不同沟通对象和场合快速地切换表达方式,这也是一分钟职场表达术中必须掌握的。

换一种形式赞美，让一分钟表达事半功倍

有人说，职场的最高境界可以用两句话概括——说话让人开心、办事让人放心。

这两句话并非没有道理，因为在职场中，人缘好、晋升快的，大部分都是工作认真负责，且说话办事让人放心且开心的人。有一类人特别适合混职场，那就是会说话的聪明人。不管什么时候，不管对方是领导是同事，还是下属，这类人说的话都能让对方心情愉悦。谁都愿意跟让自己开心的人共事，因此，这类人在职场非常受欢迎。

在与他人的交往过程中，我们最好不要说他人的坏话，也不要做出负面评价，即便你不喜欢某个人，也要尽量挑出他的优点。因为有智慧、有情商的人，通常能把握好人际关系的方向。试想，如果一个人在职场，整日口出恶语，就会给别人造成一种“他在背后也会这么议论我”，或“在他眼里就没有好人”

之类的想法。

会说话的人，说出来的话总能让对方感到快乐，就像春天里和煦的阳光，在人群中播散温暖。有这样的人在，彼此的办事效率也会更高。相反，一些说话难听，喜欢搬弄是非、话中有话的人，通常是职场中最无能的那些人。这类人不仅做事效率低，还会把职场人际关系搞得很僵。

让对方感到快乐的表达，通常还有以下四种因素——尊重、体谅、认同、发自内心。也就是说，多站在对方的角度思考问题，在说话前换位思考一下，如“对方这么跟我说话，我会不会高兴”“这话说出去会不会伤害到别人”之类的。

如果你觉得自己说的话太耿直，可以学会婉转一些。此外，适当的夸奖与肯定也不是虚伪的附和，尽量用发自内心的话，委婉地向对方表示赞美，这样，才能让对方觉得你是真心地称赞他。

张蒙是某公司职员，从入职的第一天起，就获得了同事的一致认同。

有一次，张蒙的电脑坏了，她请同办公室的吴肯修理。吴肯三两下帮她修好了电脑，张蒙真诚地说道：“我家里电脑坏掉时，专业的修理师傅用了小半天才弄好呢。”吴肯听了很高兴，拍着胸脯说：“修电脑其实很简单，下次有问题问我就行了。”

还有一次，张蒙跟同事去食堂吃饭，排到张蒙时，张蒙笑着说道：“大姨，我这一周五顿饭，全是在你这个窗口打的。”

食堂大姨笑眯眯地说道：“是吗？老顾客啊，那我多给你加点鸡肉。”

和张蒙一个办公室的同事曲曲，在公司工作了三年，可人际关系总是不太好。看到张蒙在公司的人气越来越高，曲曲有些坐不住了。

她找到张蒙，问道：“哎，张蒙，你说话怎么这么招人喜欢呢？我想让你教教我说话的技巧……你明白没有？”

张蒙皱着眉头刚要说话，办公室的电话响了。曲曲接起电话：“喂？公司报表？就在B221的抽屉里，你懂我的意思吗？”

挂掉电话后，张蒙无奈地说：“曲曲姐，我知道你的问题在哪儿了，是你口头禅有问题。”

曲曲一愣，没明白张蒙的意思。

张蒙继续说道：“你这口头禅是‘你明白没有’‘你懂我的意思吗’，我知道你是在确认对方有没有理解你，但这样的口头禅会让人觉得你居高临下。你可以试试去掉这些口头禅，相信会有不一样的效果。”

曲曲点点头，感激地说道：“原来如此，谢谢你啊，张蒙。”

就像例子中说的，说话方式真的很重要。如果想让对方打从心底高兴，只要将一句话的表达换一个方式，就会立刻收到不一样的效果。在职场中，短时间内表达好自己已经很不容易，还要注意多说些让对方发自内心喜悦的话，这样才能让自己的一分钟职场表达事半功倍。

1. 换一种方式赞美

这里的赞美指的并不是直接的夸赞。举个例子，如果被夸赞的人是厨师，那就不要直接说“你做菜真好吃”“你是个很棒的厨师”。因为对方清楚，这个世界上比他好的厨师多得是，比他做菜好吃的人也多得是。但是如果你这样跟他说，“我是朋友介绍来的，现在就认准你的菜了，基本天天都来吃”，这就是很好的赞美了。

赞美并不需要华丽的语言，也不需要复杂的辞藻，这样朴实地说出一个现象，就能让厨师觉得自己手艺不错，让他心情大好。当然，如果对方是通过第三人间接地听到你的赞美，那就比你直接当面夸奖他而更令他开心。同样，如果是对方从第三方间接地听到你的批评，那就会造成火上浇油的情况。

2. 客气话

客气话是礼貌性的话语，更是一种套话。毕竟“谢谢”“你好”是每个人都会说的，可“你今天穿的衣服真好看”“你是不是瘦了”这样的话却并非人人都会讲。

当然，礼貌性的话语也不用经常挂在嘴边，如果你整日把“谢谢”挂在嘴边，只会让身边人觉得与你生疏，也会显得你有些小题大做。总之，适当的谦虚比什么都让人舒服。

3. 避免冲突性答案

当别人发表自己的意见时，如果你有不同意见，请不要直接说“不，应该是……”，这样的话听着就像你在挑衅别人。如果将这句话换成“你说得没错，我还想补充的是……”，就会让对方舒服多了，也能让对方更容易接受你的观点。

此外，有些人经常将“听说……”放在嘴边，这样的话会让人觉得不靠谱，最好不要说。如果想表达自己的意见，但又不确定时，可以用“我有个办法……”“这件事可以这么做……”来表达，这样会显得更好。

4. 去掉口头禅

就像例子中的曲曲，每个人都有说口头禅的习惯。有些口头禅无伤大雅，最多是影响自身气质形象而已，但有些口头禅却很容易让人反感。比如，“你知道我的意思吗”“你明白没有”，就会让人觉得你的态度高高在上。

总之，在职场中，如果不能在一分钟内表达清楚自己，起码也要学会换一种形式赞美对方，这是一种锦上添花的表达技巧，能为你的职场晋升加油助力。

善用赞美，站在对方的角度说好话

同样一个意思，用不同方式说出来就有不同的效果。有的人说话，明明是在为对方着想，但是对方接受不了。有的人说话，不仅能将自己要表达的意思说清楚，还能得到对方的认同。这就是表达方式的魅力。

每个人都喜欢听赞美的话，但在交往过程中，我们的话题不可能永远都围绕着赞美。如果是真正的朋友，你会想帮他指出他的缺点，希望他能变得更好。在职场中，有时也需要向领导提建议，这时我们既要表达出自己的意思，但又不能伤人，而且最好不要让对方反感，让他体会到你的确是为他或者公司好，这些都需要有技巧的表达。

即使是赞美，在一些场合下也不能太过直接，一开口就对陌生人进行赞美会让人觉得太过刻意。有技巧地采用迂回战术，有时反而可以达到意想不到的效果。

某事业单位要建一座剧院，家具公司的王学上门来推销座椅。刚一进门，王学就对宋主任说：“哇！好气派，您的办公室真漂亮。这办公椅是用红木做的吧？上等材料果然不一样。”

宋主任的办公室的确是费了一番功夫装修好的，听到有人夸奖装潢，宋主任心里美滋滋的，说道：“我的办公室是专门到外地请专人过来装修的。”边说边带着王学参观了整个办公室，详细介绍了装修材料、风格、色彩搭配等。在整个过程中，宋主任兴致勃勃，非常开心。

最终，王学拿下了宋主任签字的座椅订购合同，双方对这次合作都很满意。

试想，如果王学一开口就直接夸赞宋主任有品位，熟知推销员套路的宋主任可能就会产生反感的情绪，想着“又来一个拍马屁的”。这样对王学来说，他可能就没法完成上司给他的任务了。

事实证明，在职场交往中，不要吝啬赞美的言语，多称赞他人实质性的优点，多说些他人喜好的话题，多了解他人的观点，容易使人产生理解和共鸣，继而带来愉快的合作。汽车大王亨利·福特说过：“如果成功有什么秘诀的话，那就是了解对方的观点，从他们的角度思考问题。”

有一次，美国著名人际关系学大师戴尔·卡耐基要用一个旅馆的礼堂来讲课，结果他却在快到讲课日子的时候被通知，礼堂租金要提高3倍。

卡耐基找到旅馆经理，说：“我接到了涨租金的通知，有点惊讶，但是我知道这不怪你。如果我是你，我也会这么做，因为您开旅馆肯定就是为了盈利。”

经理对卡耐基的说法表示赞同，微微点了下头。卡耐基继续说：“如果您将礼堂收回去，用于办舞会和晚会，当然会挣很多钱。但是你撵走了我，就等于撵走了成千上万有文化的中层管理人员，他们的光临是您花再多钱也买不到的活广告，从长远来看，哪种更有利呢？”

经理想了想，同意将租金恢复到之前说好的价格，卡耐基的讲课得以顺利进行。

对于不易说服的人，最好的办法就是让对方觉得你和他站在同一立场上。对于旅馆经理来说，当卡耐基找到他的时候，他已经有心理准备，知道卡耐基的来意是什么，而经理的目的也很直接，无非是想多挣点钱。

卡耐基在去之前就已经抓住经理的心理，想好了对策，但他并没有一开口就直接谈判，而是先对经理的行为表示理解，这无形中就拉近了两人之间的距离，减轻了旅馆经理对卡耐基的敌意。然后再从对方的角度思考问题，一句“如果我是你”很简单，但发挥着很重要的作用。

卡耐基站在经理的角度上算了一笔账，给经理衡量了两种做法，哪种会让其得到更多利益，最终经理当然是选择对自己好处更多的一种，成功地被卡耐基说服了。

公交车模范售票员李莉深谙此道。一天，公交车上的乘客很多，这时上来了一位老人。李莉对大家说：“哪位年轻人给老人让个座儿？”可是她说了几次都没有人回应。

李莉站起来，看着坐在老幼病残孕专座的几个小伙子，扶着老人往那儿走去，边走边说：“大爷，我扶您往里边走走，靠窗的这几位小伙子都想给您让座儿，但就是没看见您。”

刚说完，几个小伙子都站了起来，要给大爷让座。李莉扶着大爷坐到了座位上，这才放心回到自己的岗位。

说话是一个信息传递的过程，提高自己的语言表达能力，关键就在于一开口把话说到对方的心里。正因李莉充分理解人们的心理，并用礼貌、尊重的话语与人沟通，她才能处理好公交车上类似的小而棘手的事情。同时，如果你不能设身处地站在对方的角度，用对方可以接受的方式去表达自己的观点，可能就会产生信息不对等的情况。你以为你表达清楚了，对方却没有明白到你的点，甚至会对你产生反感心理。

在表达观点的时候，我们都希望得到别人的认同。但是要问一下自己，在对方表达他的观点时，你有没有认真倾听，并表示尊重、重视、认同呢？想要得到尊重，就要先给予对方尊重，这样才能让对方更好地接受你的观点。

因此，要想使自己表达的内容能够被别人接受，就要多为别人着想，毕竟与人方便，就是与己方便。善于站在别人的位置上看问题，也容易让人和人之间多一些包容之心，减少不必要的误会。

》 第四节

直中要点靠储备，做有准备的人

引经据典，在一分钟内加深对方的理解

不管是在职场还是生活中，一个人的说话水平除了体现个人的思维方式和认识水平外，还展现说话者的知识底蕴。把话说好，综合体现个人的素质。

在职场中，若想窥探对方的修养水平和学识深浅，只需与他进行交谈即可。因为一个学识渊博、思想有深度的人，在对话中总会出现很多亮点。

在各类职场中，电视台和各类主持、播音公司是最能体现职员语言艺术功底的地方。我国著名主持人汪涵就是一位表达高手，还是一位能引经据典的沟通达人。

汪涵在回答记者的问题时,是这样表明自己人生态度的:“佛经里讲‘欲觅世间法，必在世间求’。你要在世间有一个很好的生存法则，必须要在红尘俗世里寻找。我们看到的是树的迎风摇曳，花枝招展，肆意滋长，但看不到的是它的根系拼命往地里钻。扎根的过程埋在地底，沉下去的过程不见得每个人都看到，就像读书。”

这番富有哲理的话，不仅让人们受益匪浅，也更能理解汪涵对读书的看法。在这段话中，“欲觅世间法，必在世间求”就是引用了佛经中的句子。这样一来，不仅可以显示出自己渊博的学识，还可以表达出自己高雅、豁达而超脱的生活态度。

人们都对这种“汪涵式”的睿智思辨，以及他超脱的生活智慧大加赞赏。引经据典是一种智慧的体现，也是一种更有深度的时尚。汪涵在跟记者聊选秀比赛的时候，说了这样一段话:“他们(参赛选手)在后台，比(赛)完哭，有部电影是梅尔·吉布森的《勇敢的心》，里面有句台词我印象特别深刻，‘我们不见得能够改变命运，但是我们可以在尽其所能之后，面带微笑地等待命运的揭晓’，这是我们唯一可以做的。”

在当今社会，大部分人都不会在说话的时候引经据典了，但如果能适当地引用一两句名人名言、诗词歌赋，就会在一定程度上提升你的语言水平，增加你的思维深度，也能让对方更容易理解你的话。

林侨是某单位技术开发部的技术员，虽然他的工作与说话并不沾边，但单位每次举办年会、活动时，都会让林侨做主持人。人们都喜欢听林侨说话，虽然他的语言很“高大上”，但大家都能理解他想表达的意思。

有一年，单位效益不好，员工们的年终奖较少，大家士气比较低落。在动员大会上，林侨又被选为主持人。上台后，林侨先大声说道：“同志们，当年屈原说：‘路漫漫其修远兮，吾将上下而求索。’什么意思呢，就是上天要降大任给我们时，总要先让我们受些苦，为什么呢？因为受苦之后，品尝胜利果实时才会特别甜，大家说是不是啊？”

这一下，现场的气氛就被点燃了。员工们纷纷喊道：“是！”

看着现场气氛热烈起来，林侨趁热打铁道：“我们伟大领袖毛泽东也说：‘已是悬崖百丈冰，犹有花枝俏。’我们不就像这迎风而绽放的花枝一样，不畏严寒，不怕艰险吗？我们顽强地傲立于天地间，为什么？因为寒冬过去，春天总会来临！大家说对不对？”

“没错！”随着大家的附和，林侨点点头，继续说道：“好！俗话说‘火车跑得快，全凭车头带’，下面，让我们掌声欢迎总经理进行下面的动员大会。”

在现场热烈的气氛下，总经理上台，满意地对林侨点点头。

就像例子中的那些话，其实都是我们平时熟悉的，只要有心，就能在需要的时候信手拈来。每个人都可以做到这样，引经据典不仅能让对方准确理解你的意思，更能为自己的人格魅力加分。

当然，引经据典也要在合适的场合引用合适的话。试想，如果你在与同事日常交谈时，满嘴都是诗词歌赋、之乎者也，只能让同事们觉得你脱离社会、为人迂腐，甚至觉得你在故意做作、刻意显摆。只有在适当的场合，对适当的对象说出引经据典的好话，才能让听者深知其意，也能让你的话语体现出最大的价值。

如果跟三五好友日常聊天，讲话还是随便一点好；但在工作单位或生意场上，你的谈吐就不能显得太过低俗，而是需要一开口，就把话说到点子上，让人对你刮目相看。

在职场上，也许你的同事都是跟你文化素养差不多的人，有些甚至比你的文化素养高。所以，在说话的时候，你一定不能像平常与人交流那样什么话都说，而是应该注意语言上的“文化包装”。把一些文化气息浓厚的词汇、名言等自然而然地加入谈话之中，有助于无形中提高自己的形象，让你的一分钟职场表达更加体面、出色！

不过，有一点我们需要特别注意。在谈话过程中，如果你在某方面的文化知识储备不够，那就不要轻易引用那方面的名言，否则会在社交中闹出笑话。

明万历年间，张居正为了让儿子高中状元，就派他的弟弟张居直约见极有可能获得第一的临川考生汤显祖，想让汤显祖让出第一名来。张居直说道："汤才子之乡乃产笔名地，故王勃在《滕王阁序》里写有'光照临川之笔'的佳句。"汤显祖笑道："据我所知，王勃所言，指谢灵运之诗，他曾为临川刺史。"张居直的脸一下子红了，尴尬万分。

如果我们记不清"光照临川之笔"的来源，就千万不要在他人面前提起，尤其不要在文化底蕴深厚的人面前提起，否则只能闹出笑话。其实，你若不明白"光照临川之笔"的含义，完全可以用一句耳熟能详的话来引出自己的话。

无论是在书本中、电影里，还是在歌词间，或者别人的话语里，都经常会出现一些好词好句。只要你留心记住，在适当的时候适当引用，这些都会成为你沟通过程中的资本，成为你在职场表达中的良好储备，并在一分钟内加深对方的理解，为达成你自己的目的加分助力。

借助数字来表达，超快激发起对方的兴趣

大部分职场人都很关心数字问题，做销售的职场人士更是对数字相当敏感。毕竟在职场中，绝大多数职员都要对数字数据了然于胸，才能更好地立足职场。

随着人们生活水平和消费愿望的提高，越来越多人选择将销售作为自己的职业。作为一名销售人员，数字更是帮助他们证实产品性能，以及证实自己业务能力的好助手，让自己在销售表达的过程中，一开口就击中顾客的内心。相比那些“一问三不知”的销售人员，相信顾客更愿意选择业务能力强的人为自己服务。

不知你们有没有注意到，那些金牌销售业务员除了具备良好的口才能力外，其专业能力也是非常强的。这些销售人员可以将产品用数字化的方式具体表达，条理清晰，逻辑思维强，甚至能在一分钟内抓住顾客内心最敏感的点，让顾客打从心底认可，让他们更愿意相信产品是经过销售人员亲自测试没有问题才对外出售的。

因此，销售人员在推销过程中，尤其是向顾客介绍产品的过程中，最好懂得使用数字来对产品进行说明。尤其是使用顾客需要的数字说明，才能让顾客愿意主动与你打开话匣子，加深了解，从而助你更好地出售产品，在同行中脱颖而出。

当然，数字对销售人员很重要，对其他领域的职场人同样重要。

赵华想开一家大型保龄球馆，但他手里没有多少预备资金，因此他想找一个自己信得过，也信得过自己的合伙人一同经营。

一番思考后，他选中了曾经的同事罗煜。罗煜家境殷实，为人大方，且眼光独到。赵华相信只要自己说服罗煜一起做，他会是一个很好的合伙人。

赵华找到罗煜，开门见山地说道："我现在有笔赚钱的生意，就是入伙保龄球馆。我算了一下，如果你加盟，就能多赚50万元的收益。不知道你感不感兴趣。"

罗煜一听"50万元"，眼前一亮："你说说看。"

赵华拿出一张纸，开始罗列所有相关事项，一边罗列一边说："开这样的保龄球馆，我们不选择加盟，一共需要××万元，我手里有×万元，你只需入伙×万元即可。开保龄球馆的人员配备是××人，受众人群是×××。我们每年的成本支出是×万元，若想年盈利××万元，只需每月赚到×万元即可。"

面对赵华详尽的数字信息，罗煜觉得这样的买卖值得尝试。何况，赵华的计算非常精准，让罗煜十分信服。于是，罗煜痛快地答应了赵华的投资请求。

在例子中，赵华使用的办法就是数字说服力法。因为数字比其他说服技巧更能让人信服。因此，正确使用精准的数字，更能帮助人们在短时间内顺利说服对方，达到自己的目的。

从销售方面看，如果销售人员可以合理、恰当地使用数字进行推销，那就会让顾客相信自己选择这款产品的决定是十分正确的。如果顾客产生这样的想法，就会让推销人员在接下来的销售过程更加得力。

那么在职场中，使用数字说服力法的作用有哪些呢？

1. 清晰表达自己的意图

所谓意图，就是吸引对方同意你的建议或意见的原因。在职场中，如果能够巧妙利用数字详细说明自己这样做的目的，会让对方对你的意图更加感兴趣。当然，最好是一开口就把数字说服法表达得流畅，且简洁，更能在短时间内激发起对方听下去的兴趣。

2. 充分体现你想表达事物的优势

举个例子，销售人员在销售电子产品时，如果能用数字详细说明一些实际数据，就能让顾客通过数据比较，更快地决定哪一个产品才是自己最需要的。

3. 更快地获得对方的信任

数字化、具体化的语言，通常能让对方更快地对你的话语产生信服感，同时还有助于树立你的专业形象，为你的职场铺路助力。

4. 可以帮助人们提升自己

还是用销售行业来举例，销售人员可以使用数字，将己方产品与其他产品进行对比，并从中找出己方产品的不足之处，在之后的产品升级改造中扬长避短，更有助于产品优势的发挥以及整体公司产品质量的提升。

当然，除了以上优势外，人们还可以使用数字来锻炼分析决策的能力。什么人需要具备数字力呢？在回答这个问题前，我们要先明白什么是数字力。

数字力，指的并非是数学知识或计算能力强，也并非只有专业的分析师或财会人员才需要掌握这种能力。因为在职场中，对数字的应用无处不在。对于那些初入职场的年轻人来说，正确掌握数字，才能充分锻炼逻辑思维和表达能力，为自己的晋升道路加分。

在一分钟职场表达中，应当如何提高自己的数字力呢？我们来具体看一下。

第一步，学会用数字来思考和表达。在考虑问题时，要学会从数字角度和专业角度看，如果只从感官印象判断，就会影响自己的逻辑思维和表达能力，造成表述时模棱两可、含糊不清的现象。如果学会使用数字来表达，就能迅速提高自己的表达能力，让对方更快信服。

第二步，学会用数字为自己或团队设定目标。现在各行各业都讲求团队合作，人们在设定团队目标和个人目标时，如果能将数字具体化，就能增加人们渴望达到目标的想法。比如，将团队目标定位为“到年底达到 2000 万元销售额”，就比“今年要努力奋斗、努力销售”的目标更简单明了。

第三步，多留心职场中的数字，以此获得专业分析的能力。这一步又可以具体分为两步，即鉴别分析与采集信息。不可否认，当下是一个信息爆炸时代，平时应该多留心数字，多采集与数字有关的信息，并且分析数据间的关系，做好积累。

不管是在职场还是生活中，不管是在工作还是投资时，我们生活中处处都能用上数字。作为一名职场人，你可以没有很强的计算能力，但必须对数字敏感。

在一分钟职场表达中，充分利用数字说服力法，能充分展现你的专业素质，让你的表达更精简扼要，也更具逻辑性和信服力。

用有愿景的故事，抓住对方内心最敏感的点

在工作当中，我们经常会被某个同事策划的方案所折服，在他有理有据进行讲解的时候，还会插入一些吸引力很强的故事来吊住我们的胃口，于是，我们没有任何还口的机会。虽然没有百分之百地认可他，且他的方案中也存在一些瑕疵，但我们还是被他深深折服了。

其实，他的方案并没有我们想象中的那么完美，但是因为那些极具说服力的故事背后所呈现出来的道理，同时凭借着优秀的表达能力，让你打从心底认可了他的方案，即使你的方案可能更加优秀、更具备执行力，或者你的数据更可信、更充分，但是你还是被说服了。所以说，很多时候，我们并不是不够优秀，而是缺乏一个优秀的表达方式，缺乏能够引起共鸣的故事。

对于很多人来讲，讲故事并不是一件困难的事情，但是如何讲好故事，让故事更加具有说服力，大家都显得十分茫然。好的故事应该是能够触及人的灵魂深处，这种在精神上达到共鸣的故事才能更好地说服人。掌握了这种技能，才能将故事讲述得娓娓动人、吸引人心。

我们每一个人都是有情感的，能够引起情感共鸣的故事对人而言通常最具有杀伤力。有位著名的作家说过：“如果一本书或一个故事在三分钟之内不能吸引你，那么你可以果断放弃，

因为这是一本失败的书籍或故事。”

其实，在职场中讲故事，就是在向同事或客户推销你自己，不管是人物故事还是品牌故事，都可以成为你的推销资本，让你在短时间内俘获人心。

张力在单位做事一向勤勉认真。一次，同事卢航说道：“张力，你没必要做事这么认真，偷偷懒多好啊，反正你不说，领导也不会知道，何必给自己找麻烦呢？”

张力想了想，给卢航讲了梅西百货的故事。

梅西百货在成为纽约最大的百货公司之前，曾经在商场门口进行了一次鞋子促销活动。售货员在活动广告牌上写着：超级特惠，全部一折。

当一位顾客拿着选好的鞋子去收银台前进行结账的时候，收银员却对这位顾客说：“这是两只鞋子，并不是一双鞋子，虽然它们在款式上是一样的，但在颜色上还是有一定偏差的。如果不仔细看，很难看出鞋子的差异，但鞋子的质量是可以保证的。也许这双鞋是工厂那边出现了差错，或是某位顾客购买时拿错了。在您付款之前告诉您这件事，就是想让您知道这双鞋的具体情况，在购买之前能够做出慎重的选择。”

虽然只是短短的一段话，却深深打动了这位顾客，他没有经过调换就买下了这双鞋。这个故事也成为一段佳话，被很多人口口相传，而梅西百货也凭借这样良好的名声成为纽约最大的百货公司。

故事讲完后，卢航立刻明白了张力的意思，不再劝说他上班偷懒，反而对他多了几分敬佩。

当你试图去完成一件事情，或者向别人介绍项目，或者必须在短时间内说服别人的时候，如果可以讲述一个合适的故事，就能够达到事半功倍的效果，让你和听众之间架起一座无形的沟通桥梁，让你能更快地触碰听众的心灵。

就像例子中张力所讲述的故事一样，当顾客的情感被激发出来之后，就会让你的故事充满生命力、说服力。

李青在一家公司工作了两年，她突然觉得自己的工作生涯进入了瓶颈期，因此感到烦闷不已。于是，她和自己的闺密刘美倾诉这一苦衷。刘美听后并没有做出什么评价，而是给她讲了一个故事。

安迪和玛丽在毕业之后进入同一家公司。在工作的一年时间当中，安迪先后加薪两次，但是玛丽的工资始终没有任何变化。玛丽对此非常不服气，终于有一天，她鼓足勇气找经理询问原因。

经理并没有直接回答她的疑问，而是对她说："你到市场上看一下香蕉卖多少钱。"

"好的。"玛丽说完就走了，没有经过多久就回来了。对经理说："香蕉的价格是 3 元每斤。"

"所有的品种都是卖 3 元每斤吗？"经理接着问道。

没过一会儿，玛丽满头大汗地跑回来，气喘吁吁地对经理说："还有卖 3.5 元每斤的。"

"都是些什么品种呢？"经理又一次提出疑问。玛丽只能又一次回到市场当中进行询问。

经理这次没有让她出去，而是让她坐在一旁，然后把安迪叫过来，同样也是吩咐她去市场当中询问香蕉价格的任务。没过一会儿，安迪回来汇报说："一共有五种产品，价格在 3—6 元每斤不等。我把所有的报价和品种列了张清单，另外还拿了两个品种的样品回来。另外，我看了一下咱们的仓库，桔子的数量不是很多了，应该进货了，针对桔子的价格和品种我也列了一个清单。"

这时，经理笑着对玛丽说："这下你知道答案了吧。"

听完这个故事，李青恍然大悟，不再一味地陷入苦恼中，而是不断地改进自己的工作方法。很快，她就在工作中取得了突出的成绩，不仅让自己的才华得到体现，还得到了加薪晋升的机会。

同时，要引起人们的共鸣，就要走进他们的心里，让他们感动。在感动的时候，还要引起他们的思考，向他们展现一个更加美好的未来蓝图。

乔布斯在激励员工开发苹果新产品的时候就说："我们应当让互联网装进你的口袋里，随时都可以拿出来。"他没有说让互联网走进每个家庭或者人人都要使用互联网，而是说口袋里就是互联网。可以说这是非常有想象力和有意思的愿景，目标明确，但十分艰巨。这样的一个愿景很好地激发了员工的积极性，也很好地点燃了他们的工作热情。现在的结果表明，他们已经完美实现这一目标。

> 马云在 2016 年发表这样一篇演说："阿里巴巴刚成立的时候，我们提出的愿景也蛮奇怪的，我们说企业要活 80 年，企业要成为世界十大网站之一。这是我们的两个愿景，愿景不能太多。我那时觉得，人生就活 80 年差不多了，朦朦胧胧就觉得企业如人。但后来，我们提出了活 102 年，我们 1999 年成立，活 102 年可以横跨三个世纪。现在百年企业已经空化了，都说要百年企业，你要真正做到目标明确。"

在马云的演讲中，我们可以看到他对于愿景的独特看法，而他也通过阿里巴巴的发展经历说明了企业愿景的重要性。

因此，在一分钟职场表达术中，多讲一些特别的、动人的故事，尤其是有愿景的故事，更能迅速抓住对方内心最敏感的点，激发他们的积极性，帮助他们在工作中树立正确的价值观，让他们的工作变得更加有意义和效率。

腹有诗书气自华，摆脱苍白无力的表达

每当听到喜欢的话题而想发表自己的看法时，张开嘴却不知道怎么表达。有时虽然表达了自己的观点，但是说出来的语言苍白无力、平淡如水，根本就没有表达出自己内心的那种激昂澎湃。这种词不达意的情况，相信很多人都遇过，尤其在职场中想要说服别人听取自己意见的时候，总是找不到让人信服的理由。

古雅典演说家德摩斯梯尼在演讲时声音洪亮，口才出众，每场演讲都能博得观众的热烈掌声。其实，他并没有什么演讲天赋，小时候还有口吃障碍，说话时还会耸肩。不过德摩斯梯尼从小就喜欢看书，积累了丰富的知识，他梦想有一天能成为成功的演说家。

他第一次登台演讲，因为口吃，还没演讲完就被听众赶下了讲台。正当他羞愤时，有人走到德摩斯梯尼面前说："我是一名听众，我觉得大家刚才并没有公平对待你的演说。其实，你刚才说得挺好，你眼界开阔，知识面也很广，思想也有深度。我非常喜欢你的演讲。不要在意听众的这次嘲讽，只要你继续努力，不断增加自己的知识，终有一天，他们会重新评定你的。"

靠着那个听众的鼓励，德摩斯梯尼更加努力地学习，除了练习演讲技能，还阅读大量古希腊诗歌、哲学、神话等书籍来扩宽自己的知识面。经过十多年的勤学苦练，德摩斯梯尼终于实现了自己的梦想，成为古希腊著名的演说家。他的演讲稿被大量印刷出版，成为演说界的典范。

德摩斯梯尼从小就阅读大量图书，所以他的视野才开阔、思想才有深度。他在第一次登台演讲时虽然口吃严重，但因为演讲内容具有深度和广度，还是打动了一位听众，并得到对方的鼓励。正是因为这个及时的鼓励，才让德摩斯梯尼最终成为一名伟大的演说家。

现在经常听到有人问"读书有什么用"，读书的作用虽然一下子看不出来，但读书就像我们吃的饭一样，书里的知识已经融入我们的身体，扩宽我们的视野，丰富我们的知识储备，让我们变得更有气质和修养。当我们在表达自己时，无形中就会把这些气质和修养表现出来，成为人群中那颗闪亮的“明星”。

相关研究表明，读书会锻炼脑力，让人变得聪明。人类自从有了文字以后，进步得非常迅速，而其他动物因为没有文字，基本还是保持着最原始的状态。有了文字后，前人的经验教训就可以通过文字传承下来，这样后人就能在前人的基础上继续前进，相当于找到一个进步的捷径。

阅读是一种积极的学习经验。想要学习有关知识，只要找到相关书籍材料，进行阅读，在前人的经验上进行总结和创新，就能发现迅速提高自己的方法。表达能力也能通过这样的方法快速提高，前面很多地方我们都强调了读书学习的重要性，多读书、多储备知识，真的很重要。

读的书越多，大脑储备的策略和资源就越多，在沟通中遇到任何问题，自然就有更多的应对之策，这样成功的几率也就会提高。阅读多了，人的气质会随之改变，眼界会扩宽，思想和认识的深度也会发生变化，书中的知识会在潜移默化中改变你的思想格局，如在说服别人时，需要论据，你就能将各种知识储备信手拈来，会引经据典，让人觉得说服力十足，从而愿意采纳你的意见和建议。

随着阅历的增加，对于书本的知识，你会有更加深刻的理解。读书对别人来说可能只是两个字，但对你来说就是一个故事，那些文字可能会变成一个瑰丽的画面，你的精神世界开始变得丰富多彩，从而由内而外散发出迷人的魅力。你往讲台一站，就能让人感觉气度不凡，一开口就能让人如沐春风。在多年阅读的浸润下，你表达的观点更具说服力和深度，一说话就能给别人留下好印象。

正所谓“腹有诗书气自华”“读书破万卷，下笔如有神”，阅读多了，懂得的道理也多了，能为你所用的数据及理论早已浸入骨子，成为你精神世界的一部分。到时你会发现，原来一分钟职场表达是如此简单的事情。

第二章

读懂人心，一开口惊艳全场

言为心声，在职场沟通中，要牢牢抓住对方的心理特点，灵活运用表情、神态、肢体动作等无声的技巧，并从言语中推断出对方的秉性，探知其内心最想听到的话。

》 第一节

一针见血并不难，善用各种技巧

无声胜有声，适当的肢体动作也是亮点

我们经常会使用各种各样的肢体语言来让我们的表达更清晰，也更具说服力。当然，在职场中更需要多种身体语言为职场表达加分。对于一些初入职场的菜鸟来说，面试就是第一关。在短时间的面试中，如果求职者能恰当使用身体语言，避免不好的举动，就会给面试官留下好印象，并且让你从众多求职者中脱颖而出。

每个人都知道语言在人际交往中的重要性。精准、简洁的语言能迅速描述出每个人的想法，因此人们都十分重视个人语言表达能力的提升。与此同时，我们身体的动作以及每一个眼神，

也有着不可忽视的表达能力。人们自然的肢体语言往往能表达出内心最深处的想法。

有相关学者做过调查，在所有的表达中，口语表达只占整个表达过程的20%，而剩下的80%则都是由肢体语言表达出来的。

一个善于表达的人，不仅有着良好的口头表达能力，而且十分擅长用自己的肢体动作来补充协调自己口语表达的不足。

孙平毕业后一直想从事IT方面工作，投递了数十份简历后，他终于收到心仪公司的offer，于是他精心准备一番，前去参加第一关的面试。

前来面试的人很多，面试官决定让三人同时面试，这样更容易进行比较选择。跟孙平分到一组的，有一位硕士和一位拥有十年工作经验的女生。孙平看着手里的本科简历，顿时觉得压力很大。

轮到孙平组时，那位硕士率先进入面试室。只见这位硕士态度轻浮，一脸“天是老大，我是老二”的不屑样子。面试官提问的时候，他全程在抖腿。孙平看着面试官皱起的眉头，心里连连吐槽：现在硕士一抓一大把，不至于这么狂妄吧？果然，面试官客气地对他说了“请等通知”后，就将他请出去了。

之后面试的是那位有十年工作经验的女生，面试官说出一个问题后，女生思考了一下，用答非所问的方式回答了一大堆。面试官皱着眉头说：“你能回答一下我刚才的问题吗？不要跑题。”女生一边咬着手指，一边玩着衣角说道：“不好意思，您能问一些我会的问题吗？我在上一个公司干了十年，但好像具体工作跟你们这儿要求的完全不一样。”面试官看着女生的样子摇了摇头。

终于轮到了孙平，孙平先是礼貌地跟几位面试官问好，然后端正地坐在椅子上，思维清晰地回答了面试官的所有问题。看着孙平的态度，面试官终于露出了笑容。

就像例子中的面试者，人们在进行面试时，不仅要注意一些学术性的表达方法，同时要注意自己的肢体语言。有时候，一个微笑，一个礼貌性的动作，就会让面试官对你印象深刻。

肢体动作是一种无形的语言，往往能真实地表达出你此时的状态和心理活动。当我们看到路边一个低着头、行色匆忙的人，也许会觉得他是一个内心有些自卑、不太成功的人；如果一个人整日摆着一副“苦瓜脸”，那也许会被认为是一个悲观，或者正处于艰难时期的人。

我们也一样，在职场中，我们的一言一行，甚至一个神态都被别人看在眼里。如果不注意细节，很可能会给别人带来不好的印象。反之，那些善于肢体语言表达的人，往往会更容易被别人接纳和认可。

既然面试的时间如此简短，职场新人想要迅速脱颖而出，应该注意哪些肢体表达技巧呢？在极短的时间内能灵活运用肢体语言表达，你的面试就成功了一半。

1. 使用恰当的身体语言向面试官问好

鞠躬是为了向面试官表达尊敬之意，但有些求职者在鞠躬时，两只手却不自觉地来回搓动或小幅度摇摆。这些小动作通常是无心的，但在面试官看来，会觉得求职者是个轻浮随便、不够沉稳的人。因为面试是公司对求职者的第一关，在向面试官问好时一定不要夹杂小动作。

2. 坐着的时候注意体态

尽量挺胸抬头，将双脚放平，双手自然摆放。有些面试者一坐下就开始抖腿，在回答问题的时候也在不停抖腿，不管他是紧张还是平日养成的不良习惯，都会让面试官反感，从而让印象分大打折扣。而有些考生站着时必须倚靠东西，否则就会耸肩搭背，让人看着觉得不可靠。而跷二郎腿、环抱手臂等坐姿，也会让面试官觉得求职者不耐烦、不端庄、对求职不重视等，造成求职者的印象分大减。

3. 集中注意力，表现出专注的态度

我们再设想一个场景，当你和一个人谈话的时候，你正说得起劲，而对方总会不时地左顾右看，看看窗外、手机等，你会有什么样的感受？

你一定会觉得，他并没有兴趣听我说话，内心很可能在想着其他事情。想要表达出真诚，就要将注意力集中在对方的话语上，适时做出反馈，表达出你的理解和看法，这样会激起对方继续聊下去的欲望，也会让对方觉得你是一个真诚、用心的人。

4. 适时做出肢体语言，表现出你的热诚

如果面试官在与求职者交流时，求职者正襟危坐、四肢僵硬，甚至一动不动，脸上连表情都没有任何变化，那面试官会有什么感受？他们一定会觉得求职者十分冷漠、被动，对求职的这份工作没有丝毫热诚。无论求职者说什么，两人之间总有千山万水的距离，让人感觉很难接近。

相反，如果求职者在讲话时，适时做出一些手势和动作，面试官就会觉得对方在认真听取并理解他的话语，热情的反应更能激起面试官说下去的欲望。

用身体语言助你一臂之力

在与人交谈时，我们会用五官来获取对方传达的信息，但从五官获取的信息量不是一样的，其中视觉占 82%，听觉占

11%，其他占 7%。这也说明了我们在和别人交流的时候，并非只用语言来传达信息，甚至语言只占比较小的部分，我们还会用到许多肢体动作。

肢体语言协助有声语言将所要表达的内容展示出来，人们的举手投足都会传递出大量信息，显露出主体的思想情感和文化修养。

心理学对情绪的研究分为几个方向，其中一个领域就是在不同的情绪下身体的反应，其中包括面部变化、肢体动作、本能反应和生理信号。

肢体语言是指通过头、颈、手、身等人体部位的协调活动来传达人物思想，形象地表情达意的一种沟通方式。在职场表达中，我们可以学习如何更好地利用肢体语言来表达自己，以利于在简短的沟通中让对方更快理解自己的意思。另外，我们也可以更好地理解对方的肢体语言所传达出来的信息，以便于我们更全面地抓住对方的重点，展开深入交流。

要更好地运用肢体语言来辅助自己更简洁、更有针对性地表达，首先要知道肢体语言的一些要领。

第一点是眼睛。肢体语言包括面部表情，在面部表情中，眼睛是非常重要的部分，我们在和他人交流的过程中，要学会巧妙地运用眼神来传情达意。

眼神接触时间过长或过短地看着对方，都是失礼的行为。

研究表明，在沟通的过程中，目光接触对方脸部的时间占全部谈话时间的 30%—60% 是最合适的。如果超过这个时间，就会让人觉得你对他或她本人的兴趣比你们的谈话内容要多。如果不足这个时间，又会让对方觉得你只关注谈话内容而忽略他的感受。

在沟通时，要敢于和对方进行目光接触，也要善于和对方进行目光接触，这是一种礼貌，可以帮助你们顺利交流。如果你的目光闪烁不定，会给人情绪不稳定或者为人不诚实的感觉；如果你刻意回避对方的目光，对方会感觉你像在掩饰一些东西，或者过于胆怯，这些都会阻碍沟通的进行。

如果在一些类似演讲、报告等大场合下，我们不可能和每个听众对视，这时就需要平视、扫视、点视或虚视等，以达到传递信息的最佳效果。

第二点是表情。表情也是肢体表达中很重要的部分，表情要和说话的内容相匹配，合适的表情可以更准确地传达你的意思。比如，有时你嘴上说的是损对方的话，但脸上出现的是善意的笑，那对方就知道你不是真心说他坏话，只是在开玩笑。

开玩笑时，脸上的表情起到了辅助语言的作用。有时表情甚至也可以替代简单的语言，常见的有点头表示同意、摇头表示否定、咧嘴笑表示高兴、撇嘴表示藐视等。将表情和语言配合使用，有助于你一开口就能直观表达自己的意图。

第三点是坐姿。肢体语言也可以分为静态和动态，静态则包括站姿、坐姿等。除了演讲，我们大多数和人交谈时都是坐着的。从座位的选择上，可以透露出一个人的性格和他与交谈对象的关系等。喜欢坐中间的人，常常善于表达自己，希望处于交流的中心；坐在偏僻座位的人，常常不愿意引起别人注意，或者对交谈缺乏兴趣。

与人交谈时，最好是正面对着对方，这样可以让他们清楚看到你的面部表情和肢体动作，更好地达到交流的目的。

交流时的坐姿很重要，尤其是初次见面时，身体要保持端正，这也是尊重对方的表现。

第四点是手部动作。在肢体表情中，手部是非常重要的帮助表达的部位。到一个陌生环境时，你也常会感觉双手无处安放。其实安置它们最好的办法是顺其自然，把手垂放于身体两侧。在描述一些事情时，如果双手不自觉地跟着摆动，就让它动好了。

第五点是腿部动作。腿部大体会有三种姿势——两腿分开、并拢和交叉。两腿分开属于开放型姿势，显示出稳定、自信、接受对方；两腿并拢是正经、严肃的表现；而交叉则属于防御型姿势，常是害羞、胆怯或者散漫的表现。在职场表达的过程中，最好采用两腿稍微分开的姿势，两脚平行，或者一前一后都可以，但要注意躯干挺直，否则会显得消极懒散。

善用请教，好人缘也靠“说”出来

在职场中，有些人很擅长表达自己，有些人却比较内向，尤其对刚入职的员工来说，向大家介绍、推销自己，是很难跨出去的一步。有些员工不敢主动开口，也害怕自己与同事聊家常时说错话，更不敢在大家面前表达自己内心的真实想法。久而久之，这类员工就因无法与同事打成一片，而只能形单影只。

有些人喜欢这样的情况，有些人却为此苦恼。因为不会正确地表达自己，让他们每天上班的心情都不太愉快，这种心情甚至会影响到工作效率。

在职场上打拼的人，会尽快融入团队是最基本的能力。对于新员工来说，越早融入团队，日后在职场人际关系方面受到的阻力就越小，在团队中发光发热就越早。因此，新入职时，在短时间内表达自己、推销自己，迅速拉近与同事的关系，显得尤其重要。

岳鹏程和钱鲲都是某公司新入职的员工，一个月过去后，二人在同事间的影响力却完全不一样。

钱鲲为人内向，如果别人不主动跟他搭话，他绝对不先开口。在工作中遇到不得不说话的时候，他也是用一两句话匆匆交代，然后低头继续忙自己的工作。

岳鹏程和钱鲲正好相反，他很会表达自己，也懂得把握职场社交的尺度。刚入职的时候，岳鹏程对公司的业务不熟，经常主动向单位里的老前辈请教。每次请教完问题，他都会做出恍然大悟的样子，然后对老前辈赞不绝口，顺便邀请对方一起去吃饭。

久而久之，岳鹏程和公司里的同事渐渐熟络起来，人人都说他虚心好学，待人真诚热情，甚至连公司的高层领导都知道有这么一位新员工，表现相当出色。

钱鲲知道岳鹏程的做法，心里有些不舒服。虽然他也明白，在职场中需要主动表达自己，但他总觉得故意跟人拉关系、套近乎显得太虚伪。钱鲲想，只要一心一意地工作，是金子就总有一天会发光的。

转眼，两年过去了，岳鹏程得益于公司的人际关系，不放过每个表达自己的机会，现在已经逐渐“逼近”高层，成为公司晋升中炙手可热的员工。而钱鲲还在办公室里不声不响地做一些简单的工作。论专业能力，岳鹏程不如钱鲲，但钱鲲缺少的恰恰是表达自己的机会。

五年过去了，岳鹏程已经晋升为人力资源部高管，而钱鲲却没有发现问题的根源，只认为这家公司并非自己的伯乐，郁郁地向公司递交了辞呈，去往另一个公司发展。

这个例子很好地说明了职场表达的重要性，但更值得推敲的是岳鹏程在职场晋升中的做法。

对于新入职员工，如果刻意表现自己，处处体现热情，只会让老员工觉得这个人爱出风头。但如果使用请教的方式，循序渐进地表达出自己的善意，就很容易让人接受了。

当然，也不能说钱鲲的内向不好，只是职场本就是表达自己的场所。如果都像钱鲲一样对职场表达产生误解，反而不利于自己的职业发展。

第一个误区：没必要主动和别人说话。

大部分不愿意表达自己的人，都认为开口跟别人说话是件痛苦的事。他们害怕自己的话被人无视，也害怕别人对自己的话不屑一顾。其实，大可不必如此担心，因为你主动问候别人是件得体、礼貌的事情。同事们不会讨厌主动而得体的问候，主动问候对方，反而会让对方知道你是个大方得体，且有教养的人。当然，如果对方不回应你，那就是他的人品有问题，与你无关，你只需做好自己应该做的事即可。

第二个误区：当众说话是一件很可怕的事。

有演讲经历的朋友们都知道，站在台上，看着下面黑压压的人群时或许会有些腿软。但融入团队并不是当众演讲，你也没有必要一次征服很多人。只要在需要的时候，与一些个体多多交流即可，这并不是件可怕的事。

第三个误区：我不喜欢和陌生人讲话。

很多内向的人都会给自己一个这样的心理暗示：我不喜欢跟陌生人打交道，也不擅长这件事，万一对方不搭理我呢？看，这又回到了误区一。其实只要你主动开口，并从一开始就把对方当成熟悉的人，那很多不必要的问题都会消失。

像岳鹏程那样巧妙使用请教的方法，也是一分钟职场表达术中重要的原则，它能帮我们迅速融入集体。

1. 先搞定坐在你身边的几位同事

对于一个新入职的员工来说，肯定不可能刚到陌生的环境就成为“交际花”。因此，先向身边的人请教一些工作问题是很必要的。职场人的社交圈子通常是以自己的座位为圆心，向周围逐渐辐射的。因此，先获得身边同事的认可十分必要。

2. 充分利用空余时间注意观察、寻找话题

职场社交的重点，通常都在工作之余的闲暇时间。因为工作忙起来后，不会有人愿意听你说话。试想，在大家最忙的时候，你却在喋喋不休，肯定会让周围的同事有意见。而利用午餐时间，注意寻找彼此都感兴趣的话题，然后针对话题进行表达就是很好的社交之道。

有些人可能会说：“我不知道要跟同事们聊些什么。”其实，不知道聊什么，是因为你没有仔细观察你的同事，只要好好观察，就能发现大家喜欢的话题是什么，这样才能方便你加入大家讨论的圈子，迅速获得他们的好感和认可。

3. 好话、好意、好借口

先看好话，这个并不难理解。因为表达尊重、欣赏、认可和赞美之类的言辞，都可以统一归为好话。好意则是具有亲和力的举动。比如，随手递给别人一张纸巾、礼貌地替人开门、专心倾听别人讲话等，都会给别人留下好印象。好借口，就是你展开话题的好时机。如果能先用请教打开大家的话匣子，再利用适当的时间插话，就能顺利与对方展开交谈。

通过这些方式,不仅可以在职场表达中增强自己的自信心，也能通过请教的方式锻炼表达能力，从而快速拉近与同事们的距离，让职场环境更加愉快。

适时制造快乐气氛，迅速拉近人心

职场，向来给我们的印象都是比较严肃沉闷的。提到职场，我们脑海里浮现的大多是堆积成山的文案、改不完的稿子、难缠的客户、面无表情的同事、严肃的上司、压抑的气氛……这一切使得因麻木工作而郁闷的心情更加糟糕，甚至一度有人产生了“恐星期一”症，也就是害怕上班。

实际上，现在很多企业已经完全打破这种人们印象中的职场传统氛围，更加注重为员工营造轻松、自由、快乐的职场氛围。相比于严肃、紧张、压抑，这样的气氛反而能提高员工的工作效率。

同样，营造快乐的气氛也适用于一分钟职场表达术中，尤其对于职场新人或者开始一段新的职场关系的人来说，在短时间的表达内，迅速给大家带来快乐氛围的人往往能更快融入职场圈子。

在职场中总有那么一些人受到同事、上司的喜欢，尽管他的业绩不是那么突出，但大多数喜欢和他相处，他也能迅速在一个新地方混得如鱼得水。当然，这与其本身的性格个性、待人方式、处事方式密切相关，而这些人最大的特质就是能够在合适的时间、合适的地点，迅速制造出快乐的气氛，直击他人内心，没有任何尴尬和冷场，让大家开怀一笑，不仅能打破沉闷的气氛，还能使自己获得他人好感，迅速发展自己的人际关系。

李丽和王明都是一家通信公司的新职员，李丽是那种比较活泼开朗的女生，特别爱笑；王明虽性格不沉闷，但身上自带“理工男”的气质，与李丽比起来还是有些内向。

他们入职后的第一个休息日，部门经理专门举办了一场“新职员欢迎仪式”，欢迎两人加入新团队。

因为是第一次与同事、上司聚餐，两人都有些紧张。到了聚餐地点，领导还没有到，大家就先坐下闲聊起来。王明感觉自己跟谁都不是很熟，就一直安静地坐着，有同事过来拉他聊天，他也只是顺着他们说“嗯”“对”“好”等简短且无聊的话语。渐渐地，也就没有人主动找他聊天了。

反观李丽，她听到同事在讨论现下热播的电视剧，于是凑到前面先安静地听着，等到大家说得差不多了，就赶紧接住话茬，说：“我会模仿里面的 ××。”大家兴趣正浓，赶紧让她表演，李丽用自己尚且“不精湛”的表演将气氛推到了高潮，引得大家捧腹大笑，彼此关系瞬间拉近了不少。

实际上，例子中的李丽不仅在聚会中如此，在平常的工作中也常常会选择合适的时机制造与同事、领导之间的快乐瞬间，而这种快乐既可以闲聊为载体，也可以工作为基础。

在平常与同事交往的过程中，如吃饭间隙、上下班途中，这时候的聊天交谈很容易使彼此感情升温。不过，并不是所有的聊天类型都能达到这种作用，合理的利用往往能达到事倍功半的效果。如果你足够了解这个同事，就可以从她感兴趣的话题入手，再结合自己的表达，营造出轻松快乐的氛围，吸引她和你交谈下去；如果你不够了解他，就可以眼下的事物为例，逐渐引到趣味性上，如你们正在吃饭，可以以吃饭展开聊天，给她讲与吃饭有关的、你经历过的趣事。总之，制造快乐的气氛是拉近彼此关系的重要一步，也有助于让你在日后的职场表达中更容易直中他人内心。

和同事产生误会或者和其他同事闹矛盾时，制造快乐的气氛能够事前避免误会，事后化解误会，消除不愉快，缓和彼此关系。

在汇报工作或讨论工作内容时，有时候会遇到紧张或者尴尬的氛围，又或者工作内容很枯燥、晦涩难懂，这时你就可以借助有趣的例子和故事，一步步引导，在缓和气氛的同时，还可以让大家一下子明白你要表达的意思。

在职场中，适当使用幽默的语言往往能使你尽快融入职场圈子，愉悦工作的紧张气氛，更好地开展工作和人际交往。制造快乐气氛的武器有小故事、笑话、有意思的话题、幽默言谈、段子以及非单纯语言表演等。

当然，在一分钟职场表达术中，仅仅会制造气氛显然是不够的，这之中还有很多需要注意的事项。

所谓“适时”制造快乐气氛，强调的是时间问题。时间如何把控很重要，有时候，一个笑话，或一个故事讲得早或晚，所能产生的效果是大不一样的。适时就是“合适的时机”，也许早了就会尴尬，晚了大家反应冷淡，而在合适的时机讲就能将快乐的氛围推向高潮。就像例子中的李丽，如果她一听见同事的聊天就插嘴，估计同事们会觉得她爱抢话，没礼貌；如果她等同事进入下一个话题后再说，那就是典型的“自讨没趣”。

那么究竟如何适时表达呢？首先，你要明确所准备的内容与别人提出的话题的关联性；其次，要注意这个话题的进程以及大家的状态（是意犹未尽，还是兴趣寡然）；最后，表达时要注意抓重点，控制时间，注意语气。如果能够由一个热议的话题即兴想出比较有趣的内容，那是最好不过了。

同时，注意场合，注意当事人情绪。快乐的氛围不是在所有场合都能随意制造出来的，如果在一个比较重要的会议上，气氛超乎平常的严肃；又或者上司大发雷霆，很生气，这时用开玩笑、讲故事来缓解气氛的行为就是踩雷区。

同样，如果同事心情非常烦躁、糟糕，你可以去劝解，但是千万不要自作聪明地用笑话什么的去逗他开心，因为当别人心情差到极点时，完全不会觉得这些东西好笑，反而会因为你很聒噪，甚至让他觉得你在嘲笑或者不尊重他，而不领你的情，效果适得其反。

结合需要注意的地方，再适时利用各种方式制造快乐氛围，就更容易达到自己的目的。

在职场交往中，如果想迅速融入一个新环境或者与同事拉近关系，适时制造快乐气氛是必不可少的助力器。在一分钟职场表达术中，掌握技巧来让自己更快地拉近彼此关系，有助于在往后的职场表达中，更迅速、更顺利地击中他人心坎，说出别人最想听的话。

玩笑过头伤人心，适可而止才悦人。通常情况下，我们在职场中都会接触到很多异性同事。我们的同事有男有女，无论是在工作过程中，还是日常生活中，异性之间必然会有交流。

当然，在职场中的交谈聊天需要讲求方式方法，尤其是异性之间，如果稍有不注意，就会从端庄或绅士形象变成轻浮，给对方留下不好的印象。

在职场表达中，很多人都喜欢使用幽默的手法为自己的沟通表达加分，无可厚非，这是十分有利的。但幽默也要把握分寸，如果跟异性开玩笑的尺度太大，就会引起对方反感；如果只是自己觉得好笑而对方毫无反应，那就是在“尬聊”。想要在短时间内激发起对方聊天的兴趣，巧妙使用幽默技巧是沟通进程的润滑剂。

章则一直觉得自己是个幽默的人，但同事却不买他的账，尤其是女同事，每次章则一开口，大家就躲得远远的。

某日，章则正在办公室工作，突然隔壁行政部门的文秘吴可来统计这个月的报表。章则想在吴可面前展现一下自己的幽默，于是笑着对他说道：“吴可，你这么辛苦，我给你讲个笑话吧？”吴可瞥了章则一眼，敷衍道：“哦，好，你说吧。”

章则兴致勃勃地说：“你还记得上次咱们单位组织旅游吗？司机不是说‘女同志有不好意思说上厕所的，就跟我说要唱歌，然后我就给你停车’嘛。如果你正好是生理期，是不是就得跟司机说‘师傅！我要唱红歌’啊，哈哈哈。”

章则被自己的“幽默”逗得前仰后合，吴可却红着脸啐了一口，心里暗暗发誓再也不搭理章则了。

诸如此类的事情还有很多。有次，章则在工作业务方面的能力得到了领导和同事的认可，公司便派他做代表跟客户洽谈。章则看到客户是个光头，于是想说个笑话活跃一下气氛：“您好，您好，哎呀！您家里是不是特别省电啊？真好，我去跟服务员说一声，把咱们这屋的灯关了吧？您看看，有您在屋子里，多亮堂啊！”说完，章则还做了个晃眼的手势。

客户气哼哼地走了，这笔生意自然也失败了。

章则自认为很幽默，却从没想到自己的“幽默”在无形中伤害到了身边的同事。可能在内心中，他并没有歧视或贬低他人的意思，但在与同事的交往中，在实际表达时，他的“幽默”中却总是透露着歧视和贬低之意。

大家来自五湖四海，工作、生活上有困难，互帮互助理所应当。正确的相处模式，彼此都要清楚，更要做到相互信任、忠于友谊。那么，在职场交往中，记住，话讲八分刚刚好，玩笑过头伤人心，适可而止才悦人。

1. 说话要讲究分寸

无论是工作还是日常生活，男生尽量不要说粗口，大家都比较反感粗俗的语言。女生说话尽量端庄儒雅，给人一种优雅的感觉。

2. 玩笑适可而止

平时大家都会开开玩笑活跃气氛，但是玩笑也要有度，有的人不在乎或者不反感，女生就相对敏感一些，所以玩笑得少开。还要注意开玩笑的范围，最好只是个人和共同认识的群体间，绝对不要牵扯到双方的亲人、朋友，一些敏感的词语很容易“擦枪走火”。

3. 把握好尺度

开放的社会也要注意男女有别，相互交往中也要做到慎重有礼，尤其是在工作中，更要注意尺度。毕竟如果你是单身或者已婚，职场中都容易产生“风言风语”，保持适当的距离对男女同事来说最稳妥。

4. 注意感情界线

日常工作的交往久了，可能会发展得超越友情。可能你们只是了解了彼此，但无论怎样，如果不是真正喜欢，那么，友谊的红线就不要越过了，点到为止吧。否则，暧昧可能会造成对方的误会和困扰。

在制造快乐氛围的同时，和单位领导聊天则需要把握尺度、注意分寸。对于异性领导，更加讲求方法，正确处理，一旦稍不注意，有可能造成误会，甚至让你错失晋升的机会。

1. 不要太热情

如异性领导主动找你谈话，无论线上还是线下，都不要呈现出一种过分热情的姿态，这样会让人觉得你不够沉稳，甚至会误会你在溜须拍马。如若让领导感到你对他言行暧昧、举止轻浮，你在他心中的形象也将一落千丈。

2. 过分高傲或冷淡均不可取

要时刻谨记自尊自爱，但是不能过分高傲。对于自卑的自我保护，而摆出咄咄逼人的姿态也是万万不可的，容易被人理解成挑战，到时，你的日子也不会好过。很多职场女性，遇到异性领导主动前来聊天，就会联想到“办公室骚扰”，出于自我保护，自然拿出冷冰冰的表情对待领导，语气也是对立姿态。其实大可不必展示出冰冷的一面和攻击性，不要过于敏感，做好自己本分工作就行了。如果对方真的骚扰到你，那才是考虑怎么解决的时候。

3. 切忌把领导当知己

永远不要把你的异性领导当作知心哥哥或知心姐姐。一般他们都会说很愿意和大家交朋友。当然，同事间的问候和交流则不必顾虑，或者捎带些云淡风轻的小事也没有问题，但不要太走心了。

4. 注意语气

面对领导，无论是现实还是在网络上，语气和表达方式要一致。在工作中，我们要时刻注意自己的说话语气和思维逻辑。如果在网络上和领导交流，我们就容易被相对轻松自如的环境所引导而忽视对方的身份，显得不够尊重。因此，一定要注意保持语气的统一性，保持相同的语气和领导聊天，才不会让人感到你态度的转变。

5. 领导的“闲话”，听听就好

在日常工作中，严肃认真的领导突然找你闲聊，那就需要警惕了，可能他只是想简单放松一下，又可能对你有别的想法。所以，遇到领导和你唠家常，要做到拿捏得当，不用过于热情响应，也不要太过冷淡。了解一些关于领导的事情后不要随意散播，领导当然不希望你把这些当八卦告诉其他人。

》 第二节

攻心说话，一开口就让领导点头

以理论述，用诚意为自己加薪

对于朝九晚五的上班族来说，高薪是衡量一份工作“好与坏”的重要指标，当然，这个“好与坏”不是指工作本身的性质，而是工作者对这份工作的满意与否、喜欢与否。

可以这么说，加薪是众多职场人士的愿望之一，尤其在新年将至或者工作了一段时间之后，这种愿望会越发强烈。

很多人希望加薪的出发点是收入和付出不成正比，感觉自己付出了很多，但薪水却不匹配，又或者涨薪太慢，自己刚来时薪水如此，几年后工作进步了，对公司的贡献多了，薪水还是如此。正是这样产生的不平衡感、不公平感，促使越来越多的职员去找领导提出加薪的要求。

那么，找到了领导应该怎么说呢？我们去找领导的目的当然是说服他为自己加薪，但是如何表达、用什么样的语言逻辑、怎样安排表达的内容，都在极大程度上影响着这件事情的成功率。

白娜进入公司工作有两年了，她自认为自己各方面的能力比刚进来时提升了很多，当然，公司的绩效考核结果出来了，并不是她自我感觉良好而已。但是直到现在，白娜的工资还是转正大学生的水平，公司近年来收益还是不错的，于是，她心里逐渐感觉不平衡，思来想去，决定前去找领导“讨个公道”。

那天，天气不错，上班看到领导时，领导脸上还挂着笑意，白娜心想机会来了。于是吃过午饭，为这场“大战”准备了许久的白娜拿着一份“挡箭牌文件”走进了领导的办公室。一进门，白娜先向领导低头问好。

在前去找领导之前一定要弄清楚大环境和领导的心情，公司运营不景气或者领导今天心情不好时，加薪的要求就暂且放下。还有一点，千万不要联合集体的力量，要悄悄地单独与领导谈，并且谈之前一定要捋顺思路，准备好材料，做足功课。

同时，注意自己的行为举止，应有的礼貌要到位，不逾矩。

等领导问了“有什么事之后”，白娜开门见山地说道：“老板，我进公司已经有两年时间，这两年来我一直努力工作，且去年的业绩考评还是在优秀水平，而我的薪资却一直没有变动，还是转正大学生的水平。”

注意，一定要开门见山地叙述事实，不要杜撰，也不要说大话，把事实依据摆在领导面前，让领导一下子明白你要说什么，而不是没有事实依据，让领导自己去判断。

如果领导听后，直接给你加薪，那是最好不过了，但更多的还是“装傻充愣”“犹豫不决”“借口推脱”等，如果是这样，也不要慌张，开始你的第二轮进攻即可。

白娜见领导的反应并不理想，继续说道：“老板，我想您肯定已经知道我的想法，我的确希望我的工资能够多一些。我知道，人不能只为钱而工作，我想您应该是理解我的，所以我今天才向您提出来。我希望加薪，也是为了能够为公司的发展多做贡献，而不是单纯地只为钱。希望您慎重考虑一下我的请求。”

进一步表明自己的目的，且先发制人，表示领导理解自己，言外之意就是你理解我，就应该答应我。最后再表明加薪能够让自己更加努力工作，为企业多做贡献，强调金钱的激励作用，同时也是告诉领导——我不会让你的钱白花。

领导听后，只是微微点点头，并没有说什么。白娜接着说："领导，您的想法是什么呢？如果我有什么做得不好、不够的地方，希望领导批评指正。"白娜之所以敢这么说，是因为对自己的工作有绝对的自信，她料定领导也找不出来什么大错。果然，领导只是说了几点比较中肯的评价。

白娜见状，接着说："我知道领导有所顾虑，咱们企业的发展正在上升阶段，需要节省成本，员工就是为企业而服务，这些我都懂，也理解领导。我也知道领导理解我们作为员工的难处，想方设法体谅我们。从目前我的工作状态、业绩和行业的工资水平看，我的薪资的确是不多的，有提升的空间，您说是吧？"

进行第二步进攻后，领导不作声时，你就不能自顾自地叙述了，得反问领导，征求他的意见，看是不是自己的表达哪里出现问题了。若陷入比较尴尬的、没什么话可说的地步，就要先从领导角度看待问题，表述一些领导很认同的观点和共同的话题，同时从侧面表示领导也应当为员工换位思考。另外，还要了解这个行业的薪资状况，准备充足的说理依据。

通过这样的换位思考，领导的情绪可能会有所缓和，但并不表明你成功了。

白娜见领导似乎还没有为她加薪之意，直截了当地说："看来领导的意思还是让我继续领这个水平的薪资。这几年，我的业绩考评一直都是优等，这样的话，我心里会更不平衡，也许积极性会越来越低，最后也可能离职。我到公司的时间也不短了，这也是我第一份工作，所以我对咱们公司有着很深厚的感情，我的本意绝对不是离职，而是希望通过加薪激励自己、鞭策自己。我也会更努力、更认真地工作，希望公司不要伤了一个忠诚员工的心。"

经过这几个过程的表达，白娜加薪的成功率大大增加，但这只是建议，所有的事情都不可能百分之百成功。因为除了如何表达外，领导的性格、领导对员工的印象（眼缘）、公司真实的财务情况、员工的工作状态等都是影响因素。

需要强调的是，员工工作能够按时完成、平常表现不错、跟同事相处不错、的确有能够加薪的条件时，再去找领导"谈判"吧，如此，在职场表达过程中才能不卑不亢，以理论述；否则，就算说得天花乱坠，领导也不会点头。

走心的请假技巧，让领导无法拒绝

对于职场人来说，工作压力、身体状况、生活家庭琐事等各方面原因使得他们总有要请假的时候，但是现在很多企业和老板都不希望自己的员工请假。有的企业请假制度比较严格，另外，长期请假还有可能面临被解雇的风险。那么，怎样一开口就能让领导为你的请假请求点头，还不容易被拒绝呢？

首先，如果是真的比较着急的情况或者重大的事件，实话实说即可，态度一定要诚恳，不要吊儿郎当，又或者怕老板不准假就紧张慌乱。

如果你不常请假，领导一听，估计就批准了；如果你请假次数不少，领导就会有顾虑，即使你是真的有要事，领导也不会全信，这时你就可以出具相关证明。比如你病了，就把病历单摆上来；如果你要去别的地方参加考试，就把考试信息给领导看看，总之越透明越好。反正是事实，给领导看了，他也就心里有数了，断然不会拒绝。

第二种情况就是小事请假，主要是在领导看来可以不占用工作时间或者完全可以不去做的事情。这种情况会比较难琢磨，因为领导要是觉得没必要请假，可能就直接拒绝了，所以这类请假有以下三个要点。

1. 让领导觉得事情虽不大，但也不小。

2. 让领导知道这件事不能在休息日办。

3. 让领导看到你的诚意。

具体应该怎么做呢？举一个简单的例子，如拔牙。

李夏的牙齿有点不舒服，阵阵作痛，她想请假去医院拔牙。实际上，这阵子，李夏也挺累的，也想趁着拔牙的机会休息一天，但怕领导觉得这是小事而不批假。

李夏找到领导，还时不时地按一下左面的脸颊，跟领导说："老板，这几天我牙疼得厉害，现在我的脑袋也痛，我本来想周末去拔牙，但人家大夫周末不坐诊，况且这痛得厉害，我这几天也工作不好，所以想请假一天去拔牙，希望您能批准。"

领导一听，李夏说得很中肯，就爽快地准假了。

以上三点，李夏的叙述中都涵盖了。第一，牙痛这是一件小事，但痛得厉害，影响工作，就不算是小事了；第二，想周末去，但大夫也休息，这是客观事实，没法改变；第三，不想影响这周的工作，所以想早点治好。

因此，小事请假，要适当地把问题严重化，再说明现在请假的原因和细节，不能有推脱的理由，适当的时候可以强调回来的时间，以及回来后的工作状态。

第三种情况就是情感上的问题或者精神上有压力，工作状态不佳。像一般的失恋、精神不济、受打击这种情况，从人的外在状态是可以看出来的，领导一般都会准假让你修养一段时间。

不过这种长时间的请假就容易产生变故，把你辞退了也未可知。为了避免这种情况的发生，首先要承诺领导请假的期限，以及回来之后的工作状态，还有就是自行把工作安排好，让领导看到你的能力和作用。

诸如相亲这样的情况，领导也是会同意的，但不要太频繁。

第四种情况就是没什么特别事情，就是想休息，这时就不得不“撒谎”了。当然，我们都不提倡说谎，但是确实有真的不想上班的时候，一年请假一两次休息休息倒是可以理解的。这时候请假，虽然是撒谎，但要表现得更真诚，找一个比较容易批假的借口，如考试、当伴娘或伴郎、生病、搬家等。

除了以上请假技巧，还有一个是以情感为突破点的请假方式，如孩子开家长会，父母身体差，想回家看望父母，重点放在教育孩子和孝顺父母上。因为领导肯定也是上有老、下有小，能够感同身受，进而理解你。

不管是哪种原因的请假，也不管是什么方式的请假，最重要的是能让领导觉得合理，根据事实强调必要性，尽可能地不撒谎，不要抱有侥幸心理。态度、语气要诚恳，让领导相信你是真的有事，对领导动之以情、晓之以理。

当然，要想请假更顺利，平常的工作表现也是影响因素。

工作积极、及时和领导沟通、不常请假、为人忠厚老实等因素，都会让你请假更顺利，相反就另当别论了。

实际上，公司的请假制度都应该有一定的人性化设定，太严苛、太不近人情，则会引起员工的不满。当然，情节过于严重时，员工都可以拿起法律武器来维护自身的权益。

如果你真的是有请假的理由，请假并不是一件难事。不要不好意思开口，要提前说，有理有据地说，抓住重点去说，简明扼要地说，根据大环境和领导的心情去说，相信领导瞬间就会点头批假。

一分钟汇报工作，掌握好好说话的技巧

俗话说“好人出在嘴上，好马出在腿上”。在一分钟职场表达术中，上下级的沟通占了工作中的绝大部分。不会表达自己的员工，即使把工作做得再好，也很难在晋升方面有所出路。要想让领导喜欢，在职场一帆风顺，学会职场表达术非常重要。

马阳和徐明都是财务部的会计，周五晚上，领导叫上

他们一起接待客户。马阳查了查接待地点的相关酒店，担心自己订的酒店不好，领导不满意，于是征求领导的意见。

马阳：“领导，我们订什么酒店？”

领导眼皮都没抬一下：“你问我？我问谁啊！”

马阳内心顿时火大，但他忍住了，又查了查酒店，敲了敲领导办公室的门。

马阳：“领导，我们订希尔顿？喜来登还是万豪？”

领导瞥了他一眼：“都行。”

马阳一脸迷茫，心想：啥玩意啊，这不等于什么都没说嘛。

徐明看了看苦恼的马阳，让他跟自己又一次到了领导办公室。

徐明清晰地说道：“领导，我们这次订五星级酒店，按同样面积的场地和使用时间计算，希尔顿的报价为3000元每晚，喜来登报价为3200元每晚，万豪报价为2900元每晚。其中，希尔顿包括茶歇，其他两家不包括。万豪的房间相对紧张，可能不能容纳我们的所有客户。评估下来，我推荐订希尔顿。”

领导终于抬起头，对徐明露出一丝满意的微笑：“很好，听你的。”

当然，除了例子中的问题，在实际工作中，我们还有更多的细节需要罗列，并且需要进行综合对比。领导很有可能针对某些细节，对你进行追问。但是，只要你能在之前的调研阶段把工作提前做好、做细，同时把每个方案的优缺点罗列出来，加上自己的建议，这样有逻辑、有条理，待领导评估后，最好的方案就会脱颖而出。

在与上下级沟通时，不仅要把握简洁明了、言之有重的原则，还要在短时间内做到以下要点。

1. 高效表达

每个人的时间都很宝贵，领导的时间当然更加宝贵。因此，员工在找领导汇报工作时，不要占用领导太多时间。把问题提前整理出来，先保证自己能把问题讲清楚，然后再对问题进行适当解释和补充。

高效的上下级社交，就是让领导觉得你在这个问题上很专业，而且很高效，同时还能替别人考虑，尊重他的时间。在职场中，领导当然会更喜欢这样的员工。

2. 条理清晰

当你去向领导汇报或咨询的时候，不要一想到就马上去，最好自己先把问题厘清，打好腹稿，千万不要连自己都没搞明白问题，就跑去跟领导胡乱汇报一通。

在跟领导汇报的时候，条理一定要清楚明了。先要把逻辑理顺，再开口说话，一下子就把话说到重点上，把握好话题的“方向盘”，让领导瞬间就明白你的意思，而不是让领导听完汇报后，再去猜你的用意。

试想，如果员工连话都说不清楚，领导又怎么敢信任他，并对他委以重任呢？

3. 给出解决办法

一些既有能力又“识时务”的人，不会眼巴巴等着领导给自己具体指示，而是像例子中的徐明一样，给领导多个建议和备选方案。

对于工作的具体细节，领导一般不会很了解。此时，员工为领导提出解决方案让其定夺，就等于告诉领导“我不仅熟悉业务，工作能力强，而且成熟稳重、有想法”。这样把工作做在前面的下属，领导又怎么能不喜欢呢？

4. 适当委婉

在与领导沟通时，员工一定要讲求方法技巧，虽然不至于像大臣给皇帝进言那样谨小慎微，但是如果不懂得沟通的方法，就很容易给领导造成不好的印象，继而影响员工在职场的发展。

比如，领导下达了一个新命令，或者改变了一种新的工作方式时，即便员工有不同的想法，也要委婉地把自己的想法表达出来。千万不要在众多同事面前直接说“我觉得不行”，正确的方式是先肯定领导的说法，然后告诉他“但是，我认为在某方面改进一下会更加完美”，这样不仅给领导提了建议，还保全了领导的面子，同时让领导看到你的能力。

5. 敢于承担

“养兵千日用兵一时。”遇到事情的时候，不要急于推脱责任，要勇于承担。对于领导交代的工作，不要说“这不是我的工作”。要让领导看到你的工作能力和责任心，只有你有能力去承担大责，才能得到更大的发展机会。风险和收益并存，如果你总是胆小怕事，担心出错而不敢去接受新任务，那么领导怎么会考虑你新的发展机会呢？

6. 执行能力

没有领导不喜欢执行力强的员工，因为执行力强的员工能让公司的效率提高，能够独当一面。只有这样，领导才能放心地把事情交给你办。

如果你能把领导交代的事情尽力完成，同时分阶段地向领导汇报，让领导了解工作进度和出现的问题，他就会知道你是一个执行力强的人，假以时日，必定会对你委以重任。

7. 不要抱怨

抱怨，毒害的不只是你的心态，还会把负能量传播给别人，让别人认为你的负能量太强，不容易共事。如果领导也这样认为，那你就很危险了。所以，不管跟领导沟通什么事，都不要把自己的责任推出去，也不要一直说别人的坏话，喋喋不休。要想办法解决问题，用积极的态度去面对，少抱怨，多做事。

8. 投其所好

这里所说的“投其所好”，并不是让你去溜须拍马，而是要了解领导的脾性。办事之前，要选择领导更容易接受的方式去沟通，这样才能达到更好的效果。

如果领导喜欢有话直说，那你跟领导沟通的时候，就不要拐弯抹角，要一针见血，显示出你的利索。若你的表达啰啰唆唆，冗长、重复，领导就会觉得你太没有效率，浪费他的时间。

9. 自身过硬

“打铁还需自身硬。”如果你的工作能力本身就强，给领导留下了深刻的印象，那么，你的提议也会比其他人的提议更容易通过。

因此，跟领导沟通虽然要讲究方法，但归根结底，还是提升自己的能力最重要。多学习，提升跟自己岗位相关的能力，成为不能被人代替的人，领导自然会对你另眼相看。

选择对的措辞和时机，比任何解释来得有效

不管是在生活还是工作中，我们经常会受到来自不同方面

的批评。这些批评可能来自我们的家人、朋友、同事，也可能是领导。

很多时候，我们可以接受或者忍受父母的批评，因为在我们的观念中，父母教训孩子是天经地义的事情。但是如果在单位受到领导批评，很多人就会觉得难以接受，立刻联想到领导是在给自己穿小鞋。

其实工作对每个人来说都非常重要，从我们开始上班，每天大部分时间都献给了工作，连续二三十年，锲而不舍地奋斗在职场一线，从理论上来说，我们不可能一个错误都不犯。犯了错，就会被领导批评，但其实不只是犯错，像一些误会之类的原因，也会导致我们被批评。

领导的误解，是每个职场人都需要面对的问题，这也是很正常的事情。你可以当面解释，指出他说得不对的地方，但是这样做的效果往往不好，尤其是当着其他人面的时候，反驳会让领导面子上过不去，这时所有的解释在领导看来都像是在推卸责任。

面对领导的误解时，正确的做法是在领导发火的时候，就算当时再有理，也先不要反驳。人在气头上的时候，往往容易失去理智，很难正确判断事情，也听不进去别人说的话。

如果这件事不是你的错，在刚被领导批评的时候，越能谦卑地接受，等到最后领导发现他说错人了的时候，他就会越发觉得过意不去，对你的印象就会加分。

另外，有些人不当面反驳领导，却转过头在背后抱怨。所谓“好事不出门，坏事传千里”，这种抱怨很有可能会传到领导耳朵里，这比当面反驳的性质还要严重，千万不要图一时嘴快而影响领导对你的印象。

如果前两步都做到了，剩下就到了找准机会解释的环节，毕竟如果犯错的不是你，这锅也不能背一辈子。

解释误会的时机和措辞选择是有技巧的，不要选在领导刚生气后不久，也不能过去太长时间。过去太久，领导可能很快将这件事忘了，而且还有翻旧账的嫌疑。大概看着领导的情绪平复了，能理性看待问题了，这时就是最好的时机。

在向领导解释的时候，多用请教的方式，这样一方面让领导觉得你是认真接受了他的意见之后才来解释的，另一方面也是让领导有台阶下。说话时，注意语气要谦卑，也要摆正心态。去找领导沟通解释，其目的是传递正确的信息，而不是让领导给你认错，不要以为自己是受害者，到领导那儿去讨公道。

将事情解释清楚了，和领导之间的误会消除之后，这件事就算过去了，以后不要再提起，在工作上还是要一如既往地勤勤恳恳。

张梅平时工作一直认真负责，领导就让张梅来策划一场线下活动，并要求在现场播放幻灯片。

这场线下活动的每个环节都有相应的负责人，其中一个环节是与现场观众互动游戏，环节负责人是林新。林新第一次负责这种活动，每个细节都想要精益求精，所以他是最晚交文稿给张梅的。

本以为所有的环节都敲定好了，可是没想到就在活动开始前 5 分钟，林新找到张梅说要临时更换幻灯片，原因是之前的幻灯片不太好。张梅只好同意了林新的要求，但是她没有时间再重新审一遍新幻灯片了。

活动开始后，进行到林新的游戏环节，果然一片混乱。领导事后找到张梅，狠狠地说了她一顿。张梅一时语塞，不知该怎么为自己辩白，只能任由领导劈头盖脸地批评。

如果你是张梅，这时该怎么办呢?

像前文说的一样，如果这时张梅直接和领导说是林新临时要求更换幻灯片才导致的这种情况，领导估计也听不进去。她可以等领导冷静下来，再私下找领导解释:“领导，您批评得对，这次是我没有审查仔细。其实，林新在开场前 5 分钟临时换了幻灯片，所以我就来不及仔细看一遍了。”

先肯定领导的批评，领导就会多少放下心里的防备；然后你再将事情的真相说出来，领导就会意识到责任并不全在你。

但是如果这时候，领导还在生气，你可以进一步说出你的感受，和领导进行更进一步的交流。

比如，可以这样说："领导，我现在心里也不好受，不只是因为您的批评，也是因为我的错误连累了其他人。林新临时换幻灯片其实也不只是他一个人的问题，我们整个团队都有责任。您批评得对，我愿意代表团队接受您的任何批评。"

这样的话语会让领导感觉到张梅是一个勇于承担责任的人，而且这次的问题的确不是某个人刻意而为，也不是一个人的责任。

这就是面对领导误解时正确的应对方式，虽然不是唯一答案，但也是其中一种较好的沟通方式。在面对职场中的任何情况时，看准时机，用合适的话语、态度来进行积极沟通都是正面的做法。

》 第三节

所谓会表达，就是一分钟推销自己

忘掉你开口的目的，关心对方真实的感受

众所周知，从事销售工作的人，目的就是将手中的产品推销出去。但很多情况下，如果销售人员过多地把目光放在产品上，就会让客户产生反感。不少人从事销售工作时，总是反复强调自己的产品有多好，却忘了顾及客户的感受。他们误把固执当作坚持，却忽略了“坚持”是个褒义词，而“固执”是个贬义词。

那么，坚持和固执的区别在哪里呢？在职场中，懂得坚持的人会把自己的工作做得尽善尽美，他们会总结每次失败的教训，并从中得出经验，方便进行下一次完美的表达；而固执的人所“坚持”的只有自己的情绪，他们只拘泥于自己的方法，

反反复复地向客户重复表达产品，固执地按某种僵化的办法来完成某事，完全忽略客户的感受。

比如，一个人不小心撞到了墙上。由于这堵墙是无主之墙，于是他大怒，非要把墙拆掉再走。就在拆墙的过程中，他发现这堵墙异常结实，同伴就劝他："干脆放弃吧，绕个路不就行了吗？或者架个梯子爬过去也行啊。"可是他不同意，死活要拆了墙再走，这就是固执。

同时，另一个人也在一旁拆墙。可是他拆墙的原因，是因为他知道那堵墙下面埋着许多金子，只要把墙拆掉，他就能获得金子。可以说，他是目标明确的，他不会拘泥于拆墙这一种办法，他试过挖地道，但是行不通，只好继续坚持拆墙。

虽然一样是拆墙，但两个人的行为却完全不一样。

再如，有两个人同时发现一只兔子撞死在树桩上。于是，其中一个开始守株待兔，而另一个人却不拘泥于死等的方法。在等的同时，他还采用挖陷阱、下捕兽夹、用弓箭狩猎等多种办法来捉兔子。

虽然二者都是对捉兔子的坚持，但前者只能叫固执，后者才能叫坚持。

对于同一类人的同一种行为，在不同的阶段也会有坚持和固执的分别。曾经，美国有人力排众议，坚持要生产每个人都能买得起的汽车，而且这款汽车还要优质、价廉。虽然经历了多次失败，但他始终坚持，不改初衷。

后来，他的坚持终于取得了成功。他凭借自己的坚持，改变了美国人的生活方式。他就是全世界第一个使用流水线，让汽车得以大批量生产的“汽车大王”福特。他的行为，自然是当之无愧的坚持。

十多年后，汽车在美国已经成为家家必备的普及品。像福特汽车这种质优价廉，但造型不佳、动力不强的汽车已经没有办法继续满足人们的需求了。于是，亲朋好友、客户纷纷劝福特对汽车进行转型升级，可福特拒绝了。

几年后，福特公司的效益越来越差，甚至被之前不放在眼里的通用公司一举超越。几年后，福特推出的新车型才重整旗鼓。这个阶段的福特，也就是属于固执无疑了。

为什么会这样呢？这是因为一个人对自己的行为和观点都会产生一定的感情，尤其是这种行为和观点曾经让他成功。此时，他若被别人否定，就容易陷入一种不良情绪，不知不觉间对自己的产品就带有一定的固执。

因此，当你所谓的“坚持己见”遭遇众人反对时，不妨先想一想：你到底是在坚持梦想，还是被不良情绪影响，而坚持某种手段？

只有分清执着和固执，才能让你在职场表达中更清楚自己的选择。

牛牛接到一个电话，是某银行信用卡中心打过来的。对方告诉牛牛："您一直信用良好，且有很强的还款能力，所以，我们特意为您推荐一款贷款业务。在您原本的额度上增加12万元的贷款额度，如果单笔金额超过6000元，会自动为您进行分期，而且分期的手续费能享受7折优惠。"

信用卡中心业务员讲第一遍的时候，牛牛已经听得很明白了。他考虑了一下自己的情况，然后拒绝了这项服务。可是对方不依不饶，反复对小牛进行说明。

于是，牛牛对业务员说道："我有拒绝的三点理由，麻烦你听一下。第一，我短时间内不会有超过10万元的大开销；第二，就算手续费再打折，也是需要收取的，你说了我的还款能力强，既然我有能力一次性还清，为什么还要办分期？第三，你们这个自动分期是违背个人意愿的事，客户想分就分、不想分就不分，为什么要银行来决定？"

说到这里，牛牛以为对方听明白了就会挂电话。可是电话里的业务员却不管不顾地继续说道："先生，你没听明白，不是这样的。您一直信用良好，且有很强的还款能力，所以，我们特意为您推荐一款贷款业务。在您原本的额度上增加12万元的贷款额度，如果单笔金额超过6000元，会自动为您进行分期，而且分期的手续费能享受7折优惠……"

听到对方不停重复这一套说辞，牛牛再也受不这个固执的业务员，赶紧挂断了电话。

其实，这位业务员就是固执地使用一套台词，如果客户拒绝，她就不停地说是客户没有搞清楚。其实客户听明白了，而且很明白，没搞懂的是业务员自己。

如果她不这么固执，而是灵活地换个话题，比如说："虽然您近期没有大开销的打算，可万一突然决定全家一起去旅游，或者家里添置一个大物件呢？计划总是赶不上变化的。"

如果换点诸如此类的说法，也许客户耳根子一软，也就同意办理业务了。

为什么有些人的坚持让人感动，可有些人却固执得让人讨厌？因为固执的人总是站在自己的立场上看问题，就比如这位信用卡业务员，她想的只是怎样拿下这个单子，想着怎样让牛牛乖乖地把钱放进她的口袋里，却忽略了最重要的一点，那就是客户的感受。

试想，客户被业务员弄得十分烦躁，他还会接受业务员推荐给自己的东西吗？人都是主观动物，客户一定是先接受业务员这个人后，再接受她带来的附加东西。正所谓"做事先做人"，就是这么一个道理。

除了销售领域，在其他行业中，同样需要顾及他人的感受。

在一分钟职场表达时，如果你只是自顾自地要求自己迅速表达清楚自己的意思，或要求话语简短再简短，而忽视了对方的感受，那么，再有说服力的说辞也起不到沟通的实际效果。这时，请先忘掉你开口的目的，切实关心对方的感受吧，如此，方能保证自己一开口即能走进对方的内心。

吸引客户的兴趣，一分钟足矣

对于职场人员，尤其是从事销售、谈判等方面的人员来说，如何能在最短时间内激发起对方兴趣，是一件非常重要的事情。

就拿销售人员来说吧，当他们第一次给客户打电话沟通时，只要一开口介绍产品，就会被对方或委婉，或粗鲁地拒绝。这时，很多销售人员都会选择放弃，然后拿起电话给下一位客户重复以上沟通内容。可是，大家有没有想过，这其实是一种恶性循环。如果没有一套行之有效的吸引说辞，客户又怎么会对你的产品感兴趣呢？

王刚是某酒品公司的金牌业务员，专门负责销售工作。

由于王刚业务能力很强，公司特意提拔他升任销售部门主任，专门负责带新人销售。

一日，王刚听到办公室的方奎正在给客户打电话，全程如下：

方奎：“喂，您好，我们是××酒品有限公司的员工，请问×酒需要吗？”

电话那头：“不需要，谢谢。”

方奎：“喂，您好，我们是××酒品有限公司的员工，请问x酒需要吗？”

电话那头：“不要！别给我打电话，你们这些销售烦不烦啊？”

方奎：“喂，您好，我们是××酒品有限公司的员工，请问……”

电话那头是“嘀嘀嘀”的声音。

王刚看着方奎一脸无奈的样子，叹了口气，有些恨铁不成钢地说道：“方奎啊，你是复读机吗？来来回回就这么一句话，我要是客户，我也不买。”

方奎也有点委屈：“王主任，那我应该怎么说啊？咱们不就是卖酒的嘛，我也没说错呀。”

王刚说道：“咱们是卖酒的不错，但你这样子能把酒卖出去吗？客户一听你跟机器人似的语调，还以为你是骗子呢，谁会愿意从你这儿买酒啊？唉，我给你做个示范吧。”

王刚坐到方奎的位置上，按照本上的电话打了过去：“喂，您好，您好，您是 ×× 饭店的负责人，对吧？是这样的，我们之前跟贵饭店有酒水方面的合作，现在快过年了，我们公司正准备向老客户进行酒水回馈，像您这种大饭店，对酒水方面的要求一定很严格……是的，是的，我们这边的酒水质量肯定有保证，而且现在价格非常合适。同时，我们一直是跟您这样的大饭店合作的，咱们市里有不少大型饭店都找我们做酒水供货商……好的，好的，价格的话，您什么时候有时间来咱们公司面谈吧，我肯定给您一个最优惠的价格……好的，那明天下午三点左右怎么样？我备上好茶等您过来……好的，明天见。”

看着王刚行云流水式的操作，方奎心服口服地竖起了大拇指。

例子中的王刚非常擅长在一分钟内激发客户的兴趣。很多人不禁要问了，我们真的有办法在一分钟之内吸引客户与我们继续往下交流吗？答案是肯定的，只要你的开场白足够好，就能成功吸引客户的注意力，让你的产品尽快销售出去。

良好的第一印象，会帮助销售人员与客户间有一个良好的沟通过程。客户经常用第一印象判断销售人员是否专业，如果使用打电话的方式进行销售，那精彩的开场白就是决定客户挂电话与否的关键。

开场白对使用电话进行销售的人员来说，其实有着极其重要的作用。如果销售人员一开口就强硬推销，或者一说话就来报价格，肯定会让客户产生排斥和厌恶心理，并且提高警觉与防范性。本着害怕自己利益受损的心理，他们通常会挂掉电话或拒绝合作。

那么，如何使用一个精彩的开场白，让客户一分钟内就对产品产生兴趣呢？我们需要从下面几个方面入手。

1. 让客户感到亲切

在销售过程中，尤其是电话销售过程中，精彩的开场白都会为增加感染力。当销售人员带着笃定自信、轻松欢快的语调与客户交谈时，就会让客户自然而然地感受到亲切感，同时销售人员也能获得客户的尊重。如此一来，销售双方的心理距离会大大缩减，也就更方便彼此下面的交流。

人都是有感情需求的，如果销售人员一直用冷冰冰的机器人口吻与客户交流，又怎么能培养起与客户之间的亲近感呢？除了亲切的口吻，销售人员还可以利用对方的身份、兴趣作为开场白，让对方知道你在关注他，从而对你放下戒备心理。

2. 利用客户的好奇心

人们对自己不熟悉、不知道的东西都有一种好奇心理，也更容易对陌生的事物产生兴趣。销售人员第一次与客户电话交谈时，可以先利用这一心理，让客户对你所销售的产品产生兴趣，进而主动与你交流。如果销售人员能在与客户交流时，适当地抛出产品的“唯一性”，则更容易引起客户浓厚的兴趣与持续的关注。当然，强调产品“唯一性”的目的，就是对客户进行一种暗示：“我们的产品与同类型产品相比，质量更优。”

3. 以赞美作为开场白

销售人员渴望获得对方的肯定与赞美，客户同样希望获得别人的认同与尊重。将适当的赞美之语作为开场白，就可以在短时间内打动客户，抓住他们的心理，获得他们的好感，从而让客户对产品产生兴趣，愿意与你继续交谈。

4. 指出产品能为客户带来的好处

如果销售人员想让自己的产品吸引到客户的注意力，就要在介绍产品的同时，向客户展示产品能为他带来的利益，同时告诉对方在你这里购买产品的好处。在介绍时，要注意语气坚定，让对方知道自己并不是为推销来的，而是产品真的不错，如果客户不买就是他的损失。

为了更好地引起客户对产品的兴趣，销售人员不妨以“能为客户省钱”作为引子，这是常用的开场白，也是效果非常不错的开始。几乎所有人都关心产品的价格，因此这个话题很容易打开彼此的话匣子。聊完价格后，销售人员可以适当加入一些产品的优势介绍，这样就更能引发客户购买产品的欲望。

善用谈判技巧，瞬间拨动对方的心弦

在职场表达中多用技巧，不仅可以让你更省力，还会让你取得更好的效果。比如，你和顾客进行谈判沟通，如果你直接说自己公司产品的优点，也许不会让对方在短时间内信服，反而让对方产生疲劳感，不如讲一个以往顾客满意的故事，用贴近对方生活的故事来说服对方。所以，我们在职场表达的过程中要善于使用故事，以达到事半功倍的效果。

周恩来总理可以说是中华人民共和国成立之初最厉害的谈判家。20世纪50年代，有一次，周恩来和一位美国记者进行谈话，记者看到总理办公室里有一支派克钢笔，便带着几分讽刺，得意地发问："总理阁下，也迷信我国的钢笔吗？"周恩来听了，风趣地说："这是一位朝鲜朋友送给我的。这位朋友对我说：'这是美军在板门店投降《朝鲜停战协定》签字仪式上用过的，你留下作个纪念吧！'我觉得这支钢笔的来历很有意义，就留下了贵国的这支钢笔。"美国记者的脸一下子红到了耳根。周总理无疑是一位出色的外交家，他用美国投降签字的故事成功在谈判中让美国记者后悔不已，再也不敢发难。

一位有吸烟史的教徒实在控制不住自己的烟瘾，于是向神父请求道："神父，我能在祷告的时候吸烟吗？"神父立刻严厉地斥责了这位教徒，这件事被另一位吸烟的教徒知道了，于是他也去问神父："神父，我吸烟的时候可以祷告吗？"神父听后十分欣慰，对后一个教徒的请求表示允许："当然可以，我亲爱的孩子。"于是后一个教徒悠闲地抽起了烟。

其实，这两个教徒的目的与发问内容完全相同，只是在谈判时换了主次，让自己的语言表达方式不同，却取得了完全相反的结果。由此看来，在职场表达术中，具备高明的表达技巧，更有助于成功赢得谈判。

林华到一家公司面试，在双方都满意的情况下，领导向林华提供了某一岗位，林华希望的月薪是 2 万元，而领导最多只能出到 1.5 万元。

领导没有直接说："我只能给 1.5 万元，要不要，随便你。"因为这样直白的话含有攻击意味，使人心生厌恶，可能让林华直接转身离开。于是领导是这样跟林华说："给你的薪水是非常合理的。你也知道，在这个等级里，我只能付你 1 万到 1.5 万元的月薪。因为你是新人，所以从 1 万元开始做起，如何？"

很明显，林华会要求领导给他 1.5 万元的月薪，而领导有些不同意地说：“1.3 万元如何？”林华一直坚持要拿 1.5 万元，结果领导“投降”了。

从表面上看，林华好像占了上风，所以沾沾自喜地离开了。实际上，是领导运用了谈判方面的语言技巧，让林华自动放弃了 2 万元月薪的机会。

这是谈判大师斯图尔特·戴蒙德亲耳听到过一个用眼神让飞机驾驶员停止起飞动作的故事，这是他的一个朋友讲给他听的。

有一对情侣准备搭乘巴黎的航班去度蜜月，就在他们快到登机口的时候，登机通道开始缓缓关闭，于是两人从小跑改为一路飞奔。然而，飞机尚未起飞，登机通道已经关上了。登机口的工作人员正平静地整理票根，就连登机桥都被收起来了。

“等等，我们还没坐上飞机呢！”女士喘着粗气喊道。可是登机口的工作人员却告诉他们：“抱歉，登机时间已过，你们不能上飞机。”

“可是！”女士一脸抱怨地说：“我们的转乘航班 10 分钟前才刚到。他们答应我们会提前打电话通知登机口的。”工作人员还是面无表情地说道：“抱歉，登机口一旦关闭，任何人都不能再上飞机。”

当女士的男友准备离开时，女士却拉着他不肯离去，因为她实在不愿意相信两人的蜜月之旅化为泡影。然而，飞机就停在他们眼前，太阳也已经缓缓落下，两名飞机驾驶员的脸庞在飞机仪表板通明的光亮下显得格外清晰。女士想了一会儿，然后牵着男友的手来到玻璃窗正中间的位置，这个位置正对着飞机驾驶员座舱。二人就静静地站在那里，全神贯注地盯着飞机驾驶员，希望引起他们的注意。

果然，其中一名飞机驾驶员抬起了头，他正好可以看到这对情侣可怜巴巴地站在玻璃窗前。女士直视着他的眼睛，流露出悲伤和哀求的神色，他们脚下是行李包。

最后，那名飞机驾驶员的嘴唇动了几下，另一名驾驶员也抬起了头。女士再一次紧紧盯住他的眼睛，只见他对这对情侣点了点头。

这时，二人听到工作人员的电话响了，然后一位工作人员满脸惊讶地转向我们，大声说："嘿，拿上你们的行李！驾驶员让你们快点儿上飞机！"于是这对情侣高兴地紧紧抱在一起，抓起行李包，向那两名飞机驾驶员挥手示意了一下，快速地登上了飞机。

故事引发了斯图尔特·戴蒙德教授的思考。虽然这对情侣在整个过程中没说一言一语，但这俨然就是一个"谈判"过程，女士的眼里都是故事，让人不忍挪目，也不忍拒绝，这个过程中包含了很多技巧。而且女士眼中的故事意志明确、条理清楚，她成功地说服了飞机驾驶员。

在一分钟职场表达术中，需要掌握不同的谈判方法和语言技巧，巧用实例及故事，让对方在事实面前低头；同时，可以善用眼神、神态等肢体语言，用无声的表达技巧及真情实意，去拨动对方心里的那根弦。只有熟练掌握这些技巧，才能让你在短时间内迅速说服别人，赢得谈判。

》 第四节

婉拒的艺术，机灵人懂得话中有话

曲径通幽，把委婉表达进行到底

在职场中，比说服别人同意更难的事是说服别人拒绝。很多职场人都会有不懂得拒绝的烦恼，当我们说服他们要“勇敢说不”的时候，往往也会收效甚微。

张弛是某公司的职员，他业务能力强，且为人热情大方，但有一个一直困扰他自己与其他同事的问题，那就是张弛花钱大手大脚，经常在欠了一屁股债后回到办公室向同事借钱。

这个月底，张弛又成了“月光族”。早上刚到办公室，张弛就拉住了率先出现在自己视线范围内的王喜：“王喜，王喜，又到月底了，你能不能借我几百元周转一下？”

王喜眉头一皱：“上个月刚借了你1000元，你收到工资后还了我500元，现在还欠我500元呢，你能不能把欠的钱还完了再借？”

张弛有些尴尬道：“最近手头有点紧，你再借我500元吧，下个月收工资了，我直接还你1000元，怎么样？”

王喜无语道：“得了吧，谁不知道你是因为给主播刷礼物才没有钱了，你说说你都多大年龄了，也不找个对象，天天就知道看直播。人家主播比你有钱多了，还用你刷礼物啊？”

张弛摆摆手：“行了，行了，别说了，我不跟你借了，还不行？”

一转身，张弛看见同桌刘亮，一把拽住刘亮：“刘哥，你可不能见死不救啊，我这个月真没钱了，你能不能借我一点？就200元，下个月收工资就还你！”

刘亮摇摇头：“张弛啊，不是我说你，咱们办公室所有人的钱都让你借了个遍吧？我前两天刚借给你1000元让你还给小李，你忘了？你不能拆了东墙补西墙吧？我是真没钱了，谁月底手里还有余钱借给你啊，不行就向家里伸手吧！”

张弛嘴上哼唧了几句，心里暗自埋怨这些同事太冷漠，但这事儿又怪谁呢？

就像例子中提到的，有同事管自己开口借钱是让很多朋友都倍感苦恼的事，尤其对那些在金钱方面口碑不好且还起钱来一拖再拖的同事，不少人都不愿意将钱借给他们。但这种时候，大家又不懂该如何拒绝才能既不伤害对方，又不让自己蒙受损失。

其实，当这类同事找你借钱时，你不必立刻就拒绝，使用恰到好处的表达方式，就能让你一开口就达到拒绝的目的。

你不必说自己处于什么原因实在帮不了之类的话，因为这些原因无论真假，在对方看来都是借口。对方找你借钱一定是出于对你们感情的信任。你若真的借不了或不想借，可以先问他借多少，让他感觉到你有要帮助他的意识。

接下来，你要先给他讲一讲你们以前的故事，说一些让你们都记忆犹新的事情，等着彼此都敞开心扉后，再将自己的难处说给对方，要注意表现出非常乐意帮他但又帮不了的神态，让他打从心里接受你的这次拒绝。

受到同事邀请而不想去时也是难以让人拒绝的。我们先不要忙着拒绝，而是要制造一些小故事，说服别人你真的无法出席。大部分情况下，我们不愿意接受邀请的原因，是因为同事每天抬头不见低头见而不好拒绝，但自己又融不进对方的圈子，所以不想去；又或者，有些人邀请自己去喝酒，但自己酒量又不行。

对于这些情况，不能一开口就回绝，因为别人邀请你是出于对你的尊重，所以在拒绝前要先表达出自己的谢意，而且要表现出非常想去且十分感兴趣的样子，然后问对方什么时间去参加。当对方告诉你时间、地点之后，你再吃惊地说出炮制好的小故事，遗憾地告诉对方，你那天正好要去参加一个婚礼或要出差，以此来推脱掉。

另外，同事和朋友的要求、请求对于我们来说，也很难回绝。比如，让你帮她做某件事情，而这件事对你来说是费力不讨好的。对被请求者来说，这种事情很难做，而直截了当地回绝对方又显得太伤感情。这时，说服对方最好的方法就是试着去寻找“第三人”，然后你们三个坐下来慢慢谈一谈这件事。提前跟“第三人”打好招呼，时机恰当的时候问一下那位“第三人”这么做到底好不好，这样矛头就不会直接指向你了，你也有理由顺理成章地婉拒对方。

此外，当某位同事对自己示好，而这位同事又不是自己喜欢的类型时，我们害怕拒绝对方后，每天同一个职场，相处起来很为难。这种时候，最好先制造几个自己“情伤”或“无心恋爱”的故事，用发“好人卡”的办法回绝对方。具体方法如下：

1. 试着转移有关告白的话题

绝口不提感情这一块儿，让他明白你对他一点儿想法都没有。

2. 装作不懂

对于一些表达含蓄的示好要适时装傻，一般情况下，对方可以体会到你语言里的拒绝之意。

3. 给自己设定目标

比如，自己要先准备考研、进修等。一般而言，很少有人会一直坚持等下去，这种方法是最常见又很适用的。对于感情，拒绝要温婉。

现今，职场方面所需要表达的时候越来越多，如何巧妙拒绝对方也成了职场人日益关注的话题。拒绝陌生人的要求容易，但拒绝熟悉的同事却很难，稍不注意就会伤害到彼此的感情，因此要做到有技巧地拒绝，而且拒绝理由要明智，一开口就把婉拒之意表达得淋漓尽致，让对方秒懂。

智慧言语，拒酒也要说到点子上

在中国，酒桌文化自古有之，大到皇权贵族，小到平凡百姓，只要有人情礼往，就必有酒。管它是琼浆玉液，还是寡淡如水，聊天加喝酒似乎成了聚餐交流的必然形式。直到现在，酒桌文化在中国依然“风靡”，尤其在职场应酬中，喝酒似乎成了业务沟通的必然环节。对于那些嗜酒如命的人，也许这是“福音”，可对于那些不喜欢喝酒甚至不能喝酒的人而言，则是“洪水猛兽”。不论出于社交礼仪的考虑还是出于对自身职业发展的考虑，许多职场人往往不能轻易拒绝上司、客户或同事的劝酒，这是令他们头疼的问题。

那么职场人到底该如何礼貌地表达自己不想喝酒或不能喝酒的想法，而又尽量不造成尴尬的场面？下文总结了几种比较实用的方法，教你把拒绝的话说到点子上，不动声色，一开口就把“酒”挡于门外。

1. 一开始就给自己立一个从不喝酒的人设

这个方法主要适用于刚入职场的新人或跳槽到新职场时别人都对你很陌生的有经验者。从初到职场开始，就礼貌但明确表示自己不喝酒。凡事“事不过三”，那些喜欢劝酒的人长期在你这里碰到“软钉子”，久而久之，也就不会再强迫你喝酒。因为与其跟你这样浪费口舌，他们当然更喜欢选择那些“趣味相投”的人。

选择此法时，切记一定要坚持立住自己这个人设，无论何种应酬都不可“破例”，否则很容易给领导、同事留下不够真诚的印象。一旦人设崩塌，会给你以后的职场生活带来许多不必要的麻烦。

张天是一个不会喝酒的人，刚到单位时，总是尽量避免各种应酬，无论是公司聚会还是其他应酬。长此以往，张天就被领导贴上了不合群的标签，同事开始疏远他，这让张天十分苦恼。为了让自己的职场之路走得更顺利一些，他决定开始参加公司的聚会。

在第一次参加聚会的时候，他事先和同事打好招呼，说自己不会喝酒，喝酒的话身体会不舒服。他说得比较真诚，同事也不再强迫他喝酒。

接下来的几次聚会，同事知道张天不能喝酒，就尽量不让他喝。但是，在年底聚会时，有一个高层领导过来敬酒，迫于压力，张天不得已喝了一点。其他同事看到张天开始喝酒了，就都过来敬酒。张天本来酒量就浅，没喝几杯就醉了。

虽然张天喝得烂醉，却给同事留下了爱装的印象，认为他不是一个诚信的人。

2. 看似普通却行之有效的方法

事实上，人们并不是完完全全就对喝酒这件事反感，适当喝酒还是有许多妙趣的。真正令人唯恐避之不及的是那种不自愿、过量、低俗、对身心健康造成危害地喝酒。

常言道“小酌怡情，暴饮伤身”，在别人明知你平时喝酒，可有些时候或场合你并不想喝的情况下，该如何开口才能巧妙拒绝呢？

（1）以开车为由拒绝喝酒

这是职场人惯用的推拒方法，毕竟酒驾的后果非常严重。你一说自己是开车来的，劝酒的人一般也就不会为难你。

当然，不排除那些比较“执着”的人缠着你不放，他有可能会说：“开车来的？不怕呀，我也是开车来的，喝完找代驾不就行了！来，来，干了这杯！”

这时，你可以这样回复他：“我之所以开车来，主要是等会儿还有事情要办。”当然，在说这句话的时候一定要表现得真诚，更关键的是把你要办的这个事的“重要性”突出表达出来。比如，你是已婚男士，可以把这个“重要任务”设定为接丈母娘；有娃的人士，可以把这个“重要任务”设定成接上补习班的孩子；未婚人士，可以将这个“重要任务”设定成相亲之类的事情等。

（2）以最近正在吃药为由拒绝喝酒

这也是一种比较常见的推拒方式。为了提高可信度，你可以将一些维生素、保健品的包装换成药品包装，造成自己最近在吃药的假象；或者可以在来应酬之前，发一些自己所吃的“一些药”的照片，如果配上医生开具的诊断证明图就更完美了。要注意，这里所说的“之前”最好时间长一些，不要等到说马上要应酬了，你才发朋友圈。明眼人一看就知道你是为了逃避“喝酒”而编的借口，一旦被拆穿，会令自己处在十分尴尬的境地。这种朋友圈可以在平时自然地发一些，在应酬之前“加把火”即可。

（3）“天戒”是个好办法

这里所说的“天戒”主要指宗教信仰以及因喝酒而造成过严重后果的事情。这样的理由通常会让劝酒的人无言以对，尤其是后一种情况，不仅会有力地拒绝对方，同时也能起到一定的警示作用。

（4）巧用“特技”

对于酒量不好或不想喝酒的职场人来说，既不想伤身害体，又不想扫了众人兴致，那就得学会在其他方面活跃气氛以弥补此项“不足”。

比如，你可以展示一些小才艺表演，像讲个大家没听过的笑话（包括冷笑话）、说段逸闻趣事，嘴皮子溜的人可以来段“绕口令”。如果没有小才艺，还可以说一些讨巧的“推酒词”，既展示了诚意，让对方觉得受到了尊重，又不至于让自己喝得大醉。这类“推酒词”有“只要感情好，能喝多少喝多少”“只要感情有，喝啥都是酒”“只要感情到了位，不喝我也会陶醉”等。

把话说在前头，让对方难以开口

在很多人的观点中，“拒绝”别人是不好的，容易伤感情、伤和气。所以面对别人的请求，我们往往会以一声“好的”来答复。而有时候，这句“好的”的背后，并不是你的真实想法和情感，只是迫于无奈，或者赶鸭子上架。

如果是这样，你再回想起来，心里就会更加不舒服，或者陷入一段尴尬的关系中。更为严重的是，一次妥协可能换来别人无数次更过分的“请求”，他们会利用你抹不开面子的特点，一次比一次更过分地要求你做一些事情。如果某一次你拒绝了，那么他就会彻底把你否定，甚至给你冠上“莫须有”的罪名，在别人面前诋毁你，而你只能像哑巴吃黄连——有苦说不出。

真的要做这样的“老好人”吗？一味地妥协并不能换来真正的友谊，反而会被别人狠狠地利用。职场如战场，且不说人心不古，但大多数人都是非常精明的。

某公司的职员谢欣就有过这样一段因不懂拒绝而引发的糟心经历。

谢欣刚到公司时是个实习生，当然不是那种打杂的实习生。她是名副其实的高材生，领导让她只管学习就好，其他事情不用管。

不过在一些老员工眼里，谢欣跟其他实习生没什么两样。一个姓赵的大姐，就是其中一个难缠的角色。

有一次，谢欣要去楼下买咖啡，赵大姐就站起来说让谢欣给她带一杯，还怂恿其他人也都让谢欣带。谢欣自然知道她是什么意思，但一想毕竟自己刚来，要处理好跟同事之间的关系，况且几杯咖啡，自己还能应付，就答应了。

但是，从那以后，事情的发展完全超出了谢欣的预料。赵大姐今天叫她打印资料，明天叫她取快递，总之，小要求不断，整得谢欣天天跑上跑下的。

谢欣的工作老是做不完，也不敢跟领导反映，怕被说打小报告。最后还是领导发现了问题，却并未声张，只是告诉谢欣："下次，她再找你帮忙，别等她开口，在她前面说，领导让我把手头的工作完成先，他等着要呢。"

谢欣照着领导的话，变着花样使用了几次妙计，果然赵大姐也消停了。

因此，永远不要为了讨好别人而选择无节制、无原则地答应他人的要求，妥协和讨好并不能换来真挚的感情，反而会助长他人无理的火焰。这其实就是所谓的"平等相处"，妥协多了，双方就会站在不对等的高度。

这样看来，懂得拒绝他人的要求，拒绝自己不愿意做的事，拒绝不真心的请求，在职场中是很关键的。

拒绝的艺术就在于，拒绝了请求却没有破坏这段关系，多个朋友总比多个敌人要好。很多人害怕拒绝，就是怕影响到人际关系，尤其对于急需拓展新关系的职场新人来说。良好的拒绝艺术则不会影响人际关系，还有可能促进人际关系的发展。不是所有的请求都要拒绝，要注意区分应该拒绝和不应该拒绝。

如何区分呢？每个人要拒绝的事情都不可能相同，围绕着我们的生命主线去区分就会明朗许多。只要区分开来，把拒绝无用请求的时间所节省的时间、精力，用在真正有价值的人际关系上，才是拓展人际关系的正道。

上面的例子给了我们一个好办法——把话说在前头，让他难以开口。

这分两种形式，第一种是他未提及，你就知道了意图，那么可以“用其人之道还治其人之身”的方法。第二种是“顾左右而言其他”，像例子中谢欣那样。

比如，一个同事要找你借钱，对于他曾经借钱不还的“英雄事迹”，你早有耳闻。而且，你也知道最近他老是找别人借钱，那么如果他找你聊天了，别等他提钱的事，立刻问他：“哎，您最近手头紧吗？借兄弟点钱吧，我最近有点困难。”你这话一说，他还怎么向你开口借钱呢？

“顾左右而言其他”的方法更多地用在另一种形式上，即说了一半，直接打断而用其他事情堵住。

例如，公司里一个男同事赵台喜欢一个女同事梁昕很久了，但梁昕只把他当朋友。梁昕想，大家同在一个办公室工作，断然拒绝肯定是不行的。有一天，赵台在下班时候走到梁昕跟前，直接就开口：“你喜欢……”未等他说完，梁昕直接接住话茬：“我挺喜欢你推荐我看的那本书，很好看。”赵台一听，急了：“我是说……”又未等他说完，梁昕就说：“我知道你也喜欢那种类型的书，确实不错。”

这样一来二去，赵台便明白了梁昕拒绝的心思，也没有再纠缠下去了。

除此之外，还有一种“糖衣炮弹式”的拒绝方法，当然这也是在清楚了解对方意图的基础上进行的。当你知道他找你是出于什么事情时，不等他开口，就对他涉及这件事的地方猛夸一顿，夸得他不好意思再麻烦你。

拒绝别人是每个职场人的必修课。这一课没有学好，势必会在之后的职场道路上栽跟头。身处职场的人更应该注意到这一点，因为这关系到你与同事、领导的相处，与你的事业息息相关。

注意，拒绝别人的时候最好面带微笑，表露自己的真诚，不要将内心的焦躁和郁闷传递给对方。当然，拒绝时不必去考虑别人是否满意，被拒绝的一方总是心存不满或有点不愉快的，但你通过巧妙迂回的方式拒绝，已经给足对方面子。所以，这件事对你们的关系应该不会造成太大的影响，况且你不可能让所有人都满意。

另外，懂得拒绝也是一种自我尊重、自我爱护，不管是生活还是职场中，你不必讨好所有人。

你的难处，也能帮助你拒绝他人

马上就要过年了，某公司财务部主管靳奇和手下的几个员工忙得不可开交。对账、要账等一大堆事情，让靳奇头疼不已。

中午休息期间，靳奇恰好遇到了销售部主管老宋。两人平常关系不错，也常在一起喝酒聚餐。老宋满脸愁容地凑过来诉苦："老靳啊，我快愁死了，只有你能帮我了。"靳奇一听这准没好事。果不其然，老宋皱着眉说："我手下的人太少了，销售任务还有几个没完成，你能不能借给我几个人啊？”

靳奇一听，心想‘这时候谁好过啊，我人手还不够呢’，但是看老宋着实可怜，况且彼此私交不错，肯定不能直接拒绝。靳奇一把搂着老宋的肩膀：“宋大哥，我知道你的难处，这时候大家都挺忙的，人手都不多。不过，宋大哥，你可以到外面雇几个人啊。”

老宋继续说道：“这我也想过，但经费不允许啊，一共300多元，能雇几个？雇得少了也不管用。”“确实不多，但雇一些学生过来完全足够了。宋大哥，不是我推辞，我真的是有心无力啊，不过这个方法，建议您试试。”

老宋一听确实有点道理，但不一定可行，不过靳奇真挚诚恳的态度和建议倒是让他宽慰不少，不仅没有因为他的拒绝而生气，反而十分感谢靳奇的理解和帮忙。

从案例中靳奇拒绝人的方式可以看出来，他采用了巧妙迂回的方式拒绝别人的请求，这正是拒绝艺术中的另一种。而这种拒绝人的方式是针对那些真正真心请求帮忙但你无能为力的情况。

例子中的宋大哥提出请求帮忙时，靳奇并没有直接说“我也忙着呢”，而是站在老张的角度说了句“我知道你的难处”。这就是所谓的“我懂你”。实际上，这一句话就已经让人心里感到很温暖了。真心请求别人帮忙的人最害怕的就是被误解，而靳奇的这一句话显然是对老宋最好的理解。

然后要学会表达自己的难处，从侧面提到自己的处境。靳奇就是这么做的，他没有直接说“我也很忙，我人手不够”，而是说“大家忙，人都少”，这其实是从侧面告诉老宋“我跟你都一样”，比较婉转地透漏了一点拒绝的意思，但还没有明确拒绝。

接下来，还要表现自己的诚心诚意。靳奇采用的方式是“出谋划策”，本着完全为对方着想的态度，真诚、积极、尽心尽力地为对方考虑，为其遇到的难题想解决的办法。当然，不一定非得用这样的方式表达，有时候，安静、诚恳地聆听对方的抱怨和唠叨，也可以使其感受到你的诚意。

最后一步就是拒绝，把拒绝的话放在最后。实际上，经过前面一系列铺垫，请求者心里已经明白七八分。如果他是个明事理的人就一定会理解你，即使你这时候再说出拒绝的话，他也不会恨你或者埋怨你，反而会觉得你是一个真心的朋友。

把拒绝的话放在最后，一方面是为了旁敲侧击，为人际关系的继续发展做好铺垫；另一方面是为了让请求者有缓冲的时间，真正明白你处境的艰难，从而更好地理解你的做法。

这种拒绝方法比较迂回环绕，那就不免要多说话，而话一多，更容易让人曲解你的意思，从而引起不必要的误会。因此，在迂回表达时，要注意以下几点。

1. 注意表达语气

用委婉的方式拒绝人，语气上一定要缓和、温柔，一定不能用比较强硬的语气。如果语气太强硬，比较敏感的人可能就会产生这种想法——“不帮就不帮，干嘛这么凶”。其实，有时候并不是语气硬、太豪迈或者直爽，大嗓门的人很容易被误解。这样的人本身说话语气就这样，自己没感觉有什么，但一些心理脆弱或敏感的人就会想到别的地方去。

2. 态度明确，语言委婉

语气要缓和，语言要委婉，但态度一定明确。不要拖拖拉拉、吞吞吐吐，让人以为有答应的可能，然后进一步“攻击”你，人家说两次，你再拒绝就更容易伤人。态度上要表明自己“拒绝”的立场，但在语言上不能以直接的方式表述，在叙述自己的难处时最好不要以“第一人称”表述。

3. 要情真意切

也就是说，你真的是为对方考虑，让他看到、感受到你的诚恳。例如，这个忙你帮不上，可以给一个好建议，给对方推荐一个合适的、能帮上忙的人。

需要强调的是，这种方法用在跟自己交情还不错、比较通情达理的人身上是最合适的，如果对方是故意欺负人，或者不是真心实意找人帮忙，即使用这样的方式，也会被他们曲解为

“借口”。他们的本意就是为难你，所以不管你是直接拒绝还是用这种方式委婉拒绝，他们都不会理解。面对这样的人，最好的方法就是“快刀斩乱麻”，在他没开口之前就堵住他的嘴，或者直接拒绝。

在职场中，我们需要维护关系、拓展关系，但这不代表只能一味迎合他人去说“好的”。不立刻拒绝、不轻易拒绝、不傲慢拒绝、不随便拒绝、不无情拒绝，只要你的做法合理、坦然，拒绝也可以是一件体面的事。

第三章

魅力言谈，每次开口都能交到朋友

在职场沟通中，掌握幽默表达技巧，说话不冷场；
注重每次交流细节，变身话题达人。
会言谈的人更能把握好尺度，令言语更具魅力，
和谁都聊得来。

》 第一节

化解职场尴尬，和任何人都聊得来

用“消除误解”代替“继续冷战”

有人将职场比作人际关系的主战场，虽然说得有些夸张，但实际情况也确实如此。根据调查现实，人们每天用在办公室的时间里，有 60% 以上的时间和精力都用于维护各类复杂的人际关系。这些人际关系包括同级关系、上下级关系、客户关系等。身为职场人，我们也会遇到很多烦恼，如误会。

误会，顾名思义，就是能让别人对你的人品产生误解的原因。误会不仅能引发工作上的分歧，还能造成个人甚至集体无法估量的损失。如果在职场中遭遇误会，就可能影响我们的升职之路。误会甚至能让多年志同道合的同事分道扬镳，杀伤力极大。

因此，任何一个职场人都不应该随便误解他人，一定要在了解全部情况后再下结论。同时，如果我们被别人误解，也要及时寻求解释的机会，避免酿成大错。

袁帅已经毕业六年，从毕业起，他就一直在 × 公司的客服部门实习，一年后转正，五年后升到了现在这个主管位置。他从毕业实习就一直留在公司，所以公司对他比较重视。他对自己手下的员工非常好，整个团队打成一片，同心协力。

袁帅刚当上主管后不久,客服部就来了个大学生林晓，也是来公司实习的。在袁帅看来，林晓是个单纯的女孩，善良、没有心机，还是跟自己同一所大学毕业的小师妹。因此，袁帅经常帮着林晓处理一些工作，也经常教她处理事务。

林晓业务能力很强，又很听袁帅的话。不管是袁帅交待的任务，还是尚未安排的任务，林晓都能做得很好。有不懂的地方，她也会主动去问。袁帅看着林晓，就像看到了当年的自己，于是，袁帅一直把林晓当成亲妹妹照顾，甚至将她力荐给上司。

经过几个月的相处，袁帅对林晓已经是无话不谈。那段时间，袁帅的直接领导刘总业务能力很差，经常把一堆工作甩给下属，自己不但不做事，还经常挑员工的毛病。袁帅对刘总倒是没有太大意见，但工作积压得越来越多，袁帅不禁和林晓随口说了两句，没想到林晓却记在了心上。

第二天，袁帅主管的客服部门频频接到投诉电话。袁帅雷厉风行，针对这一问题进行了客服计划重制，顺利解决了问题。可袁帅还没来得及高兴，刘总就通知袁帅说客服计划取消了。袁帅很生气，这是在全体员工面前通过的事，怎么能说取消就取消？于是，他来到刘总办公室，强忍怒火，耐心地说："我想知道方案被取消的原因。"

没想到刘总瞪了袁帅一眼："你是不是觉得自己特别牛，比我能力高多了？"袁帅一愣，立马反应过来，知道自己被林晓"出卖"了。于是，袁帅迅速整理一下语言，说道："怎么会，我只是跟林晓透露过这个方案。您的人脉和眼光极佳，所以您是领导，我是下属。"

领导听到这话很受用，于是皱着眉头说道："这个林晓，你之前跟我推荐过，但看她不怎么老实，你还是小心些提拔吧。至于方案，就按你制订的来吧。"

袁帅是聪明人，自然明白领导的意思。同时，他也发现了林晓并不聪明。

例子中的袁帅，就是因为与领导之间产生误会，差点造成严重后果。幸好袁帅在领导发脾气时克制住怒火，同时良好地表达了自己，第一时间消除了与领导之间的误会。

其实，在职场中，误会这类事情早就屡见不鲜。可不管你与同事、领导之间存在何种误会，都要第一时间冷静下来，同时主动找出可以解除误会的方法。有些人因为脸面问题，觉得误会无法启齿，或者碍于情面，不想撕破脸。但时间越拖越长，误会也就越来越深，最后酿成大错。那么，如果我们被误会了，又该如何做呢？

1. 找出自己被误会的原因

每个人都可能因为各种各样的问题遭遇误会。除了造成误会的直接原因外，个人形象、性格与语气语调等都容易加深误会。其实，我们只要找出对方误解自己的原因，然后及时把误会说清楚即可。有些误会只要说出来，一句安慰话就可以成功解决。

因此，在遭遇误会时，必须下一番功夫来调查，先搞清楚对方对自己的误会来源于何处、何时，然后针对误会进行具体解释。要是事先不调查清楚，反而有越描越黑、弄巧成拙的危险。

2. 消除自我委屈的情绪

当误会产生后，我们的第一反应一定是委屈，因为自己不被人理解，且误会对自己造成了影响。接下来，委屈就会变成愤怒。如果不及时消除委屈情绪，不愿意开口跟对方解释清楚，就会错过彼此交流的最好时机。

总之，当我们感到委屈时，应该先站到同事的角度思考，不管造成误会的是信息不对等也好，是对方性格缺陷也罢，只要你真诚地将误会说开，那误会就会烟消云散。

3. 鼓起勇气，当面说清楚

勇气这种品质是大部分人缺少的，很多人遇到误会都会得过且过、忍气吞声，甚至不敢与人当面对质，这就会让误会越来越深，甚至影响你今后的职业发展。所以，当问题出现时，一定要亲自向对方说明，不要为自己找借口，要想方设法向对方表明心态。

遇到挑唆先冷静，交际场上无仇家

在职场中总会有这样一些人：他们工作能力不强，在工作上竞争不过别人，就采用低级的方式在背后挑拨离间，恶意中伤，给那些在工作中表现突出的人带来不良影响。

大多数职场人在遭遇挑拨离间时，都会采取抱怨或置之不理的态度，当然也有人会当面找对方理论一番。实际上，这些都不是正确的处理办法。

抱怨，只能让别有用心去挑拨离间的人得逞；置之不理，只能让彼此的误会越来越深；当面与其理论，只会激起他们的情绪，对你进行更强烈的攻击。

林润最近遇到一件烦心事：同事钱好经常让他帮忙做图表，这极大程度上耽误了林润本身的工作进度。林润很苦恼，又不知道如何拒绝钱好。

一日，林润跟蔡莹一起吃饭，无意间吐槽了钱好经常找自己帮忙做图表的事。蔡莹听得频频点头，还安慰了林润一番。哪想到，第二天蔡莹就添油加醋地将林润的话转告给了钱好。

钱好一听林润在背后这么说自己，不由得怒火中烧。她立刻找到林润，在办公室大声说道："林润，你不想帮我可以明说啊！在背后说我坏话算怎么回事？我以为你挺乐于助人的，没想到你竟然是在背后说人坏话的那种人！真是看错你了！"

还没等林润说话，蔡莹就在一旁说道："哎，钱好，这也是你的不对，你自己的事情就自己做呗，干嘛老麻烦人家林润啊，林润也有自己的工作，是不是？"

钱好一听，更加气愤："你放心，我不会再请这种人帮我忙了。以后林润也别想得到我的任何帮助！"说完，头也不回地走了。

从这以后，林润的职场人际关系处得非常不好，办公室里也没人愿意再向他求助了。

对于林润来说，蔡莹就是职场当中的一颗“雷”。如果没有蔡莹，林润可能会继续帮助钱好，或者直接告诉对方自己不愿意继续提供帮助。但蔡莹的出现却打破了林润的计划，反而让他成为背后说别人坏话的人。

职场打拼，在努力工作的同时，也要注意应对各种诋毁。如果只是努力工作，而对那些喜欢诋毁自己的人不闻不问，久而久之，就会造成严重后果。

那么，在职场中遭遇别人挑拨离间，应该怎么做呢？这时，就得考验你职场表达术的掌握技巧了。

1. 注意细节，主动沟通

职场中的不少矛盾都是缺乏沟通造成的。有些时候，事情原本并不算严重，但最后却因为种种原因发展到不可收拾的地步。就像例子中的林润，如果他事先与钱好沟通清楚，就能避免通过第三者蔡莹“挑拨离间”造成不良影响。

只要事先说明缘由，提前打好招呼，就能很好地避免他人挑唆。但如果事情已经过去，苦果已经酿成，又该怎么办呢？比如，同事不知道你的打算，却听信他人挑拨，因为一些细节，就认为你侵犯了他人的权利或利益，继而猜忌你、疏远你。即便一些事情不是对方亲眼所见，他们却更愿意相信挑唆者的话语时，就要求我们在职场当中千万不能忽视细节。

很多时候，决定职场前途的关键就是细节。因此，我们要学一些技巧应对诋毁，如事后沟通。在受到诋毁后，不妨将实际情况说出来，把事情的具体细节罗列出来，同时表明你并没有挑唆者说的意思，维持自己的职场形象。

2. 随时汇报，加强请示

当挑唆者将你与上级领导的关系搞僵后，除加强沟通外，还需要在处理事情时额外撰写请示报告，将决策权与知情权交给上级领导，不要让自己平白无故背黑锅。当上级领导知道事情真相后，就会根据各方面综合考虑的结果，给你一个合理的处理方式。

在职场中，很多人挑唆关系的“机缘”都是信息不对称。领导不可能对员工了如指掌，如果你背了黑锅又不找领导说清楚，那领导肯定会认为挑唆者叙述的就是事情的真相。此时，若你选择将信息公开，让领导参与进来，领导就会掌控全面信息，也不会将所有问题归咎到你一人身上。因此，加强请示汇报也是消除挑拨离间的好方法之一。

3. 主动寻求和解，事后公开

当对方已经用挑拨离间的手段让你与别人的关系发生冲突时，不妨放下身段，主动去寻找和解的方式。很多人都有这样的想法：“我没有错，为什么要认错？”其实，主动寻求和解的方式并非认错，而是更好地表达自己。

在职场中，没人能逃得了社交一关。何况，你不让对方知道事情真相的行为本来就是错的。如果你抱着息事宁人的心态去对待，反而会起到反效果，让大家误会你就是这样的人。因此，你必须学会表达自己，让大家知道事情并非挑唆者叙述的假象。

如果你选择对抗，没有组织好逻辑语言，就在办公室大吵大闹，那最后受伤的肯定是你自己。把一件小事闹大，其实非常不划算。

如果你把事情表达清楚，让大家知道前因后果，那别人对你的敌意就会减轻很多。说不定，他们还会更加高看你，认为你这个人情商很高。

挑拨离间的杀伤力是很大的，而且蔓延得非常迅速。如果一不留神，或者处理不当这种人际关系，就有可能葬送自己的职场之路。因此，在职场中，要做到防微杜渐、谨言慎行，尽量把挑拨离间的势头压在摇篮中。

同时，要为自己建立良好的个人信誉，这样即便有人恶意中伤我们，其他同事也不会相信那些恶意的谣言。建立联防同盟的关系，才能彻底消灭挑拨离间的隐患，为我们的职场铺好路、铺长路。

化干戈为玉帛的表达技巧

在工作生活中难免遇到一些尴尬的情景，这时就需要我们急中生智、化解尴尬。随机应变是一项很酷的本领，你的灵机一动有可能就可以巧妙化解尴尬。练就了这项能力，以后在职场中遇到此类情况，就能轻松应对了。

李岩是办公室科长。毕竟是科室的老大，他希望大家都称呼他“头儿”。前一阵子，科室新来一名同事叫张亮，没过几天就被科长叫去批评一番：“小张，你别张嘴闭嘴都叫李哥的，我们并不沾亲带故，容易让人误会。在这儿，我是‘头儿’，以后你就叫我‘头儿’就行。”

这不赶早不赶晚的，往常很少出现在这儿的处长正好走进了李岩的办公室。显然处长听到了刚才的对话。这时，他一脸不爽。

谁知张亮添油加醋地来了这么一句：“那‘头儿’的上面还有‘头’吗？”李岩语气一变，说道：“那必须有啊，有脖子才有头啊。”张亮这才应和了一句：“对啊，头要往哪转还是要听脖子的啊！”

上面的故事告诉我们，有时候缓和尴尬气氛，一句小小的幽默话就能让局面有所反转。如何发挥自己的机智，化尴尬为幽默，让尴尬一笑而过，考验我们对幽默的运用与把握，巧用幽默不仅可以娱乐大众，还能让我们在面对尴尬时游刃有余。

1. 巧用歧义

利用特定的场景，造成情景歧义。有很多词语存在多种含义，可以使用一语双关造成歧义。对于某些特定场景，巧用歧义就能轻松应对，大家听得云里雾里的，根本不会把你的话当一回事。

2. 借题发挥

如遇到一时无法补救的尴尬，可以试试抓住自己出现问题的点借题发挥，刻意放大，这样就可以故作镇定，走出困局。当然关键是在如何发挥。

3. 装傻充愣

脸皮厚是人生的必修课，运用得好就可以从容应对尴尬。要知道，一个麻木不仁的“傻子”，面对什么处境都不会出现尴尬。因为他们既不用讲求面子，也不会考虑后果。当然这里我们只需要装傻，能骗过一时也是好事。

4. 自嘲打趣

一时口误时，要灵活转移话题，将矛头指向自己，这样可以展示最大的善意来展现诚意，从而消除敌意，成功淡化矛盾点。这样既维护了对方的心理，还能缓解尴尬气氛。

面对尴尬场合，如需解围，也可以运用点小幽默为自己增添点小魅力。做一个说话幽默的人，合理用趣味化解尴尬，就能借助幽默，在职场中成为一个有魅力的社交达人。

除了应对尴尬场合，在面对职场中出现的各种问题时，如何做到大事化小、小事化无呢？不妨运用一下自己的急智，毕竟急智可以有效解决多种出乎意料的大小问题。

上班时间，领导为了试探大家，就往工作微信群发了个红包。当时苏敏手里工作没那么紧，正在玩手机，想也没想就顺手抢了。事后，苏敏顿觉大事不好了，于是想尽各种借口，等待和领导过招。可直到下午，领导也只字未提抢红包的事，苏敏也不好意思开口。

马上要下班了，领导从办公室走出来。苏敏赶紧假装给朋友打电话，故作生气地说："这几天不要上我微信抢红包了。你抢了，我还要发回去呢。"

苏敏说话的声音很大，领导一听，既然不是苏敏本人领的红包，这事就算过去了吧。

在工作中，要坦然面对批评与质疑。如果处理不好，就会让我们陷入非常尴尬的状态，因此要学会应对批评和质疑。

1. 勇于承认错误

积极的认错态度会帮你加分。承认错误的同时认可对方，这种方式会让对方觉得很有成就感，这样既满足了对方的心理，也解决了问题。当你发现是自己的问题时，积极主动去承认错误，会减少对方的反感，而过多辩解，反而有害无益。

2. 冷静面对批评

遇到问题就事论事，大家的出发点不同，难免出现分歧。在工作中，不免有同事对你进行批评，即使他说的是错的，也不能给予正面的反驳，因为同事只是站在他个人的角度来看待对与错，对事不对人，并没有恶意。因此，面对同事的批评时，要虚心接受。即使你是委屈满满，也不要与同事正面冲突。学会平静下来，换位思考，多理解、多体谅，才能更好地领会别人批评的用意。

如果真的是误会，可以私下找机会解决，互相交流，积极消除隔阂。如果是你自己的问题，那就要明白对方的出发点。发现错误，反思自己，虚心学习，杜绝再犯。

在职场中，应该以工作为主、单位利益为重，所以，面对无端的指责和批评，要冷静从容地面对。假意轻描淡写地接受，回应对方你会慎重考虑，这时，你的云淡风轻对于他而言就是最有力的回击。

只有做到处变不惊、灵活应对，才能将职场中的大问题变成小问题，从而顺利解决它。

及时回应对方的笑话，懂得变通之道

在生活中，我们经常会遇到这样的事情：明明你想给大家讲个笑话，但是讲完之后却没人捧场，甚至有人说你无聊。那种尴尬，无以言表吧。

其实，听不懂别人的笑话是一种社交无知的表现。在与人沟通时，不管对方讲的笑话有多平庸或不幽默都要适当给予对方一些回应。尤其是比你身份地位高的人，他们对你讲笑话，你需要格外地捧场，那也是一种社交礼仪上的尊重。

某 IT 公司的领导在开会时，发现大家的积极性都不太高，于是想讲个笑话活跃一下气氛。

领导想了想，说："有天，我问咱们公司的某位员工：'你以前做过领导层的工作吗？'咱们公司的员工说：'做过，我当过科长。'然后，他也问我：'您以前就一直做领导吗？'我说：'我以前当过世界五百强企业的领导。'他很敬佩地问我在哪个公司，是什么职位，我告诉他：'是腾讯公司，我当过 QQ 群的管理员。'"

此话一出，在座的员工面面相觑。大家都觉得领导的笑话一点也不好笑，反而有些冷场，一时间，会场气氛有点尴尬。这时，易强突然捂着肚子哈哈大笑起来，一边笑一边道歉：“对不起，您的笑话实在太好笑了，我没忍住，打扰各位了。”

领导听完笑了笑，会场气氛开始轻松起来。领导觉得很满意，等到年底提干时，他略想了想，就把这位笑点低的易强从工程师二级破格提拔到了工程师三级。

就像例子里易强的反应一样，虽然有点夸张，却能活跃会场气氛，也能让领导内心感到舒服满足。如此一举多得，何乐而不为呢？

其实，领导能放下架子讲笑话，这本身就是个“好笑话”。作为员工，我们一定要回馈给领导热烈掌声。

有些人会想：这个笑话明明就不好笑，我为什么要违心地笑呢？我要是笑了，就显得我太虚伪了。其实不然，你笑了，起码证明你听懂了他是在讲笑话；如果你情商高一些，还笑两声表示回馈，那就更能证明你的职业修养了。

陈浩一直认为自己是个耿直率真的人，他很困惑，为什么身边的人都不愿意跟自己聊天。有次，一个女同事问他：“你为什么不跟他们一起相处啊？”

陈浩说：“我说话太直了，那些虚伪的人听不惯，我也不爱跟虚伪的人打交道。”

女同事打算安慰一下陈浩，于是笑着说："我给你讲个好笑的事儿吧。我外甥逃课去网吧上网，正好警察来检查网吧有没有未成年人。我外甥冲着网吧老板说：'爸，给我50元吃饭。'网吧老板碍于警察在场，掏了50元给我外甥。"

讲完之后，陈浩完全不觉得好笑，于是一脸冷漠地说道："这个笑话很有意思吗？我只觉得很无聊。"女同事被陈浩的反应搞得很尴尬。从此以后，她也对陈浩"敬而远之"了。

例子中的陈浩就是职场情商低的典型表现。而且，这类人的问题还不好解决，因为他们没有认识到自己不受欢迎的问题出在哪里。他们把情商低当作耿直，把伤害别人的感情当作率真，这是不对的。

在我们身边，经常会有卖"耿直人设"的人。他们从不认真倾听别人的话语，对别人的好意置若罔闻，甚至把伤害别人当成"心直口快"。其实，他们只有刀子嘴，没有豆腐心。如果你对他们置之不理，自己还会很生气；如果你去问他们为什么这么讲话，他们就会说"我性格就这样直"；如果你跟他们较真，他们则会说"我就开个玩笑，你至于吗"。

总之不管怎样，他们都有自己的一套道理，擅长为自己伤害别人的事实找借口。因此，这类人是社交中最不受欢迎的一类人，也是最不好改正沟通方式的一类人。所以，在职场表达术中，一定要尽量避免例子中陈浩的情况出现在自己身上。

在一分钟职场表达术中，不仅要做到巧言妙语、舌灿莲花，还要注意倾听别人的话，愿意对对方的好意给出回应，这不是圆滑，也不是虚伪，而是有素质、有教养的表现。

用幽默为你的职场表达开路

在生活或职场中，不可能所有的事情都会按照我们的预想进行，有时会遭遇尴尬，这时如果我们什么都不做，任由气氛尴尬下去，似乎不是个好办法。如果处理不好这种情况，很可能会影响自己和他人的形象。

化解尴尬的最好方式应该就是与之相反的幽默了。尴尬和幽默，一个让气氛冷冻，一个让气氛活跃。幽默就像一杯下午茶，让人感受到心灵和情感的双重温柔抚慰，且感觉十分怡人。

骨子里有幽默感的人，可以在尊重别人和不伤害别人的前提下，轻言淡语，机智地化解尴尬。

著名艺人黄渤在访谈节目《鲁豫有约》中接受采访时被问道："你现在可以啊，很火啊，是吧？"这个问题看似简单却必须要小心回答。如果回答"是"，会显得黄渤太自以为是；如果回答"不是"，又难免让人觉得他虚伪做作。

所有人都在为黄渤捏一把冷汗，他却泰然自若地答道："那肯定啊！你想，都坐在这儿跟鲁豫聊天了，还能不火吗？"

善谈者必善用幽默。黄渤就是这样一个能够在各种场合侃侃而谈、幽默风趣、随机应变的人。即使面对一场来者不善的较量，他也能以退为进，既正面回答了问题，表现了对鲁豫的足够尊重，又不动声色地称赞了别人，尽显真实与诚恳。

在这个颜值至上的时代，黄渤可以说用他的幽默、才华和人品征服了所有人。颜值高的人，迟早会被颜值更高的人替代，但幽默和高情商，却从不会褪色。

有高情商和幽默感的人，往往更受人喜欢和尊重。真正幽默的人，是把舒服给了别人。一个人的幽默感，是用风趣幽默化解尴尬，展示在他人面前的是一种优雅的风度、一种健康的心态、一种人生的积淀，还有思想的睿智。在适当的场合，适当使用幽默，既能化解尴尬，又不损自己的风度。

在职场中，幽默的人能将生活的小郁闷和人生的大坎坷都拿来调侃一番，无论顺境逆境，都能在其中发现工作的小乐趣，给同事带来满满的正能量。

幽默不是“双商高”（情商高、智商高）的名人所专有的东西，任何人都可以幽上一默。

一位建筑工人失足从5楼掉了下去，幸运的是掉在了一座沙堆上，因此幸免于难。当人们围上来看时，警察驱赶他们，然后问工人：“这儿发生了什么事？”工人回答：“我不知道啊，我也是刚到。”

在工作中，大家都喜欢和幽默的人相处，他们身上有种独特的魅力。有些人天生就有幽默感，但是没有幽默感的人也可以通过后天的培养练就幽默感。平时，也可以通过自嘲来练习幽默。吐槽别人的时候，我们有时掌握不好尺度，万一对方不喜欢开玩笑，那吐槽可能就会伤到别人。所以，我们可以通过自嘲的方式在同事面前展现幽默，这是一种需要强烈自信的幽默方式，也是一种自我接纳的表现。

你也可以给自己创造一个有固定吐槽点的“人设”，如给自己设计一个或几个大家容易感同身受的负面标签，矮、胖、丑之类的，夸张这些细节，然后经常吐槽自己的这些点。

举个例子，一个吐槽自己矮的人可以说：“我家住20楼，我每次都按15楼。然后走上去，因为我够不着20楼的电梯按钮。”

另外一种自嘲是先说一个值得吹嘘的事实，然后自己调侃自己。奥巴马在访问以色列期间做演讲时，有人大声抗议，被安保人员带离了现场。奥巴马并没有慌乱，而是冷静地在台上说道：“事实上，这是我们事先安排好的，这样才让我感觉在美国一样。如果没有人闹场，我会觉得怪怪的。”

以自己为对象的幽默可以消除误会和苦恼，另外，你也给他人树立了一个榜样，让他们也有勇气嘲笑自己，直面自己。幽默是引人发笑的艺术，学会幽默，灵活运用幽默，就可以在紧张的职场环境中给大家带来愉悦一刻，同时，也能让自己在职场表达中，一开口就能吸引别人的注意，并耐心倾听你的表达。

》 第二节

细节决定成败，
你需要注意的说话细节

不可以贬低对方，实现所谓的直击痛点

在职场中，有些人因为良好的表达获得大家的广泛欢迎，但也有些人，因为有意无意地贬低对方来让自己获取短暂的优越感，导致在职场中受到孤立。其实，在职场中收获同事们的认可，最好的方式就是不要使用贬低的话语与人交流。当然，在一分钟职场表达术中，要想直击对方痛点，最好也不要使用贬低对方的方式，否则，不仅没能让沟通变得简洁有效，反而会影响你的人际关系。

很多人都觉得，在贬低别人时，自己会瞬间感觉良好。殊不知，贬低是把双刃剑，不仅伤害了对方，也损害了自己的人

际关系。在社交层面，贬低别人，无非是想在心里做个定义，认定自己比对方强。在此基础上，喜好贬低对方的人认为，强者从人格上羞辱弱者是理所应当的。但问题是，那些贬低别人的“强者”，有时也会随着社交的变化而成为弱者。

在习惯贬低他人的人心里，只存在“牛人”和“废物”两种状态，他们没有“他比我优秀，但我也很好”这样的概念，所以他们不存在持久的自信来源。久而久之，这种习惯就会内化成无意识的冲突，即“我很了不起，但我也很无能”；外化为人际关系，就是“既贬损他人，又贬低自己”。

于是，这类人成为职场中最不受欢迎的一类。因为没有人愿意把自己的宝贵时间一遍又一遍地消耗在贬损他人的事情上。就比如下面这个例子。

赵雅是一名小职员，她经常不经思考地给对方做出一些评价。比如前台人员比较忙碌，没有照顾到赵雅，她便在话语中流露出无意识的贬低之意：“你只是个小人物，来做前台，却什么都做不好，这点人都应付不了，笨手笨脚、慢吞吞的，干脆辞职算了。”

赵雅不但贬低别人，还经常否定自己，比如常常跟别人抱怨，说自己什么都不会，长得不漂亮，能力也不出众，只要是人都比自己强，等等。

公司上下都不愿意跟赵雅有过多接触。

有次，赵雅和一位同事吃午餐。席间，同事吃到一半觉得饱了，于是停下筷子。

赵雅问："你好好吃着饭，停下来干什么？"

同事说："我有点饱了。"

赵雅不假思索道："你好好吃饭，吃一半停下来，怎么跟我女儿一样不成熟？饭桌上一点儿规矩都没有。"

同事被她突如其来的斥责弄得莫名其妙，于是赶紧结账离开了。

赵雅很郁闷，公司里其他人听说这件事后，劝赵雅去道歉，可她却丝毫不觉得自己有错，反而认为自己的同事矫情，没有规矩，还不接受她的教导。

例子中的赵雅就是典型的"社交雷区"。我们来分析一下她的性格：赵雅在与人交往时，经常对他人做出负面评价，如"你只是个小人物""你怎么连这个都不会"，等等。当赵雅遇到比自己能力强、地位高的人，就会觉得自己是个小人物，而且自己做什么都是白费气力。

因此，喜欢贬低别人的人群，其社交心理归结起来就是：既自卑又怨天尤人，既认为自己有远大目标，又不屑于脚踏实地地做事。

就拿赵雅贬低同事的话来说，她是以长辈对晚辈的口气，斥责与自己同龄的人，这本来就欠妥。此外，她针对的点是“吃饭吃一半就停下来是不合规矩的”。问题是，吃饭吃到一半，或者洗澡洗到一半停下来一会儿等，都是很普遍的情况或现象。这些事情既不违法，也不犯罪，为什么要刻意去苛责别人呢？

而且，赵雅在贬损同事时，也无意识地攻击了自己的女儿。这种贬低和攻击性强的口气，在人际交往中百害而无一利。

事后，赵雅不仅不能及时表示歉意，反而认为自己贬低同事是“为对方好”，这更会让人觉得赵雅是一个不值得交往的对象。

我们身边一定有这样的人，他们在贬低对方后，总喜欢用“无心”和“没有那个意思”来当借口，这其实是一种性格问题。虽然有些人觉得自己的言行是出自“无意识”的状态，但对方的感受却是真切的。就像精神病患者对人产生伤害，虽然不算违法，但是遭受到伤害的人并不是不会产生痛感。所以，不要把自己的“无意识”转化成伤害对方的利器。

在职场中，我们无非爱听两种话。一种是忠言逆耳，话说得很直，甚至有些难听，却对我们大有裨益。另一种是甜言蜜语，在不是口蜜腹剑的情况下，即便对方说的话毫无营养，也能使我们身心愉悦，自信倍增。

而贬损他人的人群，恰好吸取了这两种话的负面：既没有营养，又很难听。至于贬低他人的动机主要有四条。在职场中，一开口就能把话说到他人心坎上，无疑很有用处，但要直击他人说话的痛点，而采用贬低他人的方式，却是无益的。相反，在职场中，如果有人想通过贬低你的方式来说服你，你大可这样应对。

1. 贬低他人的这类人亟须优越感

这类人可能没有自信，一直处于自卑状态中，他们看到一个更加落魄的人，就想狠狠地折磨对方一番，把这种“无力感”从对方身上补回来。对于这样的人，你可以选择无视他。他贬低你，无非是向你求得一点安慰，你帮他提升了优越感，就相当于帮他发泄了一下积存已久的自卑情绪。

2. 他们只是随口一说，没有针对性

这类人只是习惯了对别人指指点点，很多时候，他们并不了解自己在议论指点的人。对于这种人，基本可以把他的话当作空气，忽视即可。

3. 可以当作同事间互相“斗嘴”

在别人贬低你的时候，只要不触及各自的底线，跟着“贫”两句或笑笑带过即可，不用想太多。

4. 也许是你过于敏感

有时候，别人“贬低”你的出发点，其实是为了让你更好地提升自己。他们指责你的内容对你很有好处，只是形式用错，被你误解成贬低了。往更深层次去想，也许这类“指责”对你是有益的。

话有三七分，开口需谨慎。要想在职场中游刃有余，一开口就能说服别人，最好不要采用贬低他人来提升自我，或贬低他人来证明自我的方式，这样无疑是给自己的人际交往抹上黑点，反而不利于职场表达能力的提高，甚至影响你往后的职业晋升。

会说话的人，从来更注重表达细节

2012年11月，奥巴马得以成功连任美国总统，他的首席演讲撰稿人功不可没。早在2009年，奥巴马第一次竞选总统的演讲中，当时27岁的乔恩·法弗洛想出来的“Yes,we can”就迅速传遍全世界，成为当时的流行语。

之后，法弗洛创造了奥巴马最令人印象深刻的演讲，成了他最信任的人之一。

其实法弗洛能进入奥巴马竞选班底，只源于一次简单的提问。在面试中，奥巴马问道：“你的撰稿理念是什么？”

法弗洛回答说：“演讲不是说给自己听的，它应该超越党派。告诉那些伤心的人，我正在听你的诉说，我就在这儿。虽然你对过去的政治很失望，但我们还是有理由向正确的方向前行，只要你给我一个和你一起前行的机会。”

21世纪是一个知识和信息大爆炸的世纪。只有知识，已经难以适应现在的时代和职场需求，我们现在要做的是将知识灵活应用在工作和生活中。

美国劳工部进行的调查显示，雇主们更愿意录用有下列能力的年轻人：

1. 如何学习的能力；

2. 倾听与口头沟通的能力；

3. 适应能力；

4. 个人管理能力（自我激励、人格发展）；

5. 团体效能（人际技巧、协商、团队协作）；

6. 组织效能与领导力；

7. 读与算的能力。

这七项关键能力中，只有第一项和第七项与智商关系密切，另外的五项能力都属于情商和人际关系的范畴。也就是说，良好的表达沟通技巧，成了我们在职场中的必备能力。

说出来的话让别人不讨厌，甚至是喜欢，不是一个单纯的表达技巧的问题，还要求我们养成学习和观察的习惯，不断地约束和修炼自己，经常自省。

首先，我们可以尝试运用自己的肢体来配合语言、语调，这样可以达到更加准确地表情达意的目的。

其次，说话时要注意自己的出发点，以善意、关爱的角度去表达自己的观点。只要你是真心为了对方好，你的行为自然也会跟从你的想法，话语之间的恳切会在不经意间流露出来，听者都能感受得到。

最后，在进行职场表达时还要遵守以下细节。会说话的人，从来都十分注重表达细节。虽然掌握了各种沟通技巧，但在实际运用中，要多观察细节，才能一说话就直中对方要点。

1. 不要随意判断对方的观点正确与否

在听别人说话时，我们很容易在心里判断对方的观点是否正确。其实每个人的观点都只是对事物的不同看法，有时很难说谁是对的、谁是错的。每个人都有一套自己处理事情的办法，往往当对方和自己的想法、做法不一致时，我们就会下意识地觉得对方是错的。

如果这样边听边判断，就会在无意识下将说话者在自己的心里进行了定位，难免在谈话里会显露出来。俗话说："条条大路通罗马。"你走自己的路也许能达到某种目的，但那也并不代表走别人的路不能到达目的地，仔细听完对方的说法，也许他会给你带来一种全新的观念或创意。

2. 充分尊重对方的观点

抱着学习的态度去和人交流是尊重的基础。尊重能让你在职场表达中保持良好姿态，也能让对方感受到你的真诚，从而更具耐心去倾听你的表达。

3. 尽量不要使用否定性词语

否定性词语会让人产生一种命令或批评的感觉，使你的观点更不容易被对方接受。

4. 要掌握分寸

幽默是一种智慧，可以给人带来欢乐，也可以化解尴尬。大家都喜欢幽默的人，但幽默表达也要分场合、分时间，切不可随意使用。

汉语是一种丰富多彩的语言，同样一种观点有很多种表达方式，在表达溢美之情时可以直接说出来，如果要提对方观点的不足，或者给对方提建议，尽量换一种对方更容易接受的方式，这样沟通会更顺畅。

简洁沟通，也需要优雅谈吐

在职场中，若想获得他人认可，就要提高自己的人格魅力。

当然，这并不是什么难事，只要你的举止文明、谈吐优雅，就很容易收获他人的青睐。不可否认，语言是一种神奇的东西，在简洁表达自己时，能注意谈吐的优雅，更能体现人们独具特色的人格魅力。

试想，如果刚入职场的新人能在大家面前落落大方，能在一分钟内用优雅、幽默、简洁的语言介绍自己，那必然会给大家带来很好的第一印象；如果上班的第一天就邋里邋遢，说话颠三倒四，没有重点，那就会给同事留下不良印象，领导也不会放心把任务交给他。

不仅是职场新人需要优雅的谈吐，进入职场已久的“老人”，甚至领导，同样需要用优雅的语言来提升自身形象。

赵鹏是某公司职员，做事一向勤勉，但他有个毛病，就是遇事不懂得变通，只能领导安排什么工作，他就做什么工作。其他事情，他不会，也不想去做。

一次，公司决定派赵鹏到外地跟客户对接。出发之前，张副经理和董副经理千叮万嘱，让他请客户去高档一点的饭店吃饭，价格在一定范围内都可以商量，总之让赵鹏一定得拿下这个单。

结果赵鹏只按照两位副经理的意思，请客户吃了个饭，并且告诉对方价格可以在一定范围内小议；并没有为客户介绍公司产品的优势，也没有强调合作的好处。客户犹豫再三，还是选择了跟其他公司合作。

接到客户的反馈电话后，张副经理和董副经理都很生气。等赵鹏回来后，董副经理劈头盖脸地骂道：“你真是榆木脑袋啊，朽木不可雕。公司派你去，是信任你，你就这样回报公司吗？”听完董副经理简单粗暴的话，赵鹏很羞愧，也十分慌乱，只能没头没脑地道歉。

看着赵鹏手足无措的样子，张副经理叹了口气，说道：“赵鹏，你是公司的‘老人’了，做事勤勉，大家都看在眼里，但你最大的问题就是不会随机应变。虽然你很认真地做事，但要想有更好的发展，还是需要改变自己。这样吧，你亲自给客户打个电话，问清楚对方没有选择我们公司产品的原因，然后写份报告给我，好好分析自己的问题在哪儿，才能帮助你进步。”

听完张副经理的话，赵鹏感激地点了点头，心中也有了改变自己的打算。

这就是使用不同方式说话而产生的不同效果。像例子中的现象还有很多，董副经理的话虽然没错，但一味地责备并不能解决问题，反而会让员工心生愤懑，在以后的工作中不愿意尽心尽力。而张副经理并没有使用华丽的辞藻，只是优雅地分析了赵鹏的问题,这种语气更能让聆听者虚心接受,并且乐意改正。

这就是优雅谈吐的魅力，领导使用优雅的谈吐御下，能够增强员工的向心力,也更能获得员工们的拥戴。毕竟在职场中,谁都想跟着谈吐优雅的领导工作。

随着时代的进步，女性逐渐成为职场中的靓丽风景。若想在职场中展现时代女性的特殊魅力，除了有专业水平、知识技能外，最重要的就是优雅的言辞风度了。

优雅的谈吐就像一缕春风，不仅让对方感觉舒服和谐，自己也能从对方温和的态度中感受愉快。如果职场女性能够在优雅的谈吐间，再偶尔加入些幽默，就更能让对方感受到自己的内在素养与气质，吸引大家与你交谈。

相反，如果女性在职场中行为草率，举止轻浮，甚至满口粗语，那就会让对方不愿与你交流，甚至会给对方造成很大的心理压力。因此，职场女性平日里更要让自己的举止和谈吐变得优雅，争取给对方留下好印象。

一位女性能否在职场中有所魅力,最重要的就是谈吐优雅,在字里行间透露出足够的自信，并且带有极强的个人魅力。必要时,说话的语气、语调和手势表情，都是职场表达的加分项。

不管是在职场，抑或在其他地方，举止得体、谈吐优雅的女性，总会让人感到其身上的一种神奇气场。即便彼此是初次见面，对方也会被这样的女性吸引，而这样的女性也会因此拥有更好的发展空间。

若想培养优雅的说话风度，以下三点是非常重要的。

1. 不要为了优雅而优雅

优雅是从内而外的，如果只是为了故作优雅而搔首弄姿，那只能显得矫揉造作，毫无风度可言。平时注意自己的一言一行，将自身的气质通过语言展现出来，按照自己的身份和当时的场合，选择表现自己的最适宜的方式。

2. 不要揭露他人隐私，更不要随便攻击他人

职场中有不少人都打着“耿直”的幌子，随意伤害身边的同事或上下级。其实，说话简单粗暴并不是性格耿直，反而是没有礼貌、没有涵养的表现。

3. 说话要掌握分寸

人与人之间除了亲密感，更重要的是分寸感。不要抓住对方的缺点不放，更不要因为与谁交好，就在对方面前甚至公众场合中出言无状，这样只能影响你的社交关系。

人生就是在不断的社交中度过的，而语言又是社交的重要手段。在一分钟职场表达术中，除了注意简洁美之外，还要注意优雅的谈吐。使用优雅的谈吐，让它成为你职场中的助推器。

》 第三节

声情并茂，把话说到心坎上

抓住对方的兴趣点，打开心扉讲真话

想要在职场中一开口把话说到对方的心坎上，就要找准话题切入点，想方设法地获取对方更多的兴趣点。如此一来，对方才能愉快地配合你的工作，也能让你不管和什么人交谈，都能做到谈笑风生，好像永远有说不完的话题。

美国第 26 任总统西奥多 · 罗斯福就是这样的人。他掌握了高超的语言表达技巧，无论是政客还是士兵，还是外交官，只要是跟罗斯福总统交谈的人，每个都笑逐颜开、倍感轻松。所有人都被罗斯福总统的语言魅力所倾倒，都觉得跟他相见恨晚。那么，罗斯福总统究竟是怎样做到这一点的呢？

其实，罗斯福总统为了找到合适的话题，会在客人前来拜访之前仔细研究对方的生平，并且用笔画出对方值得骄傲或很感兴趣的点，然后精心设计一系列的沟通话题。这就是罗斯福总统的沟通技巧。

在生活中，不少店主都会抱怨自己的生意没有别人家好，其实大家卖的东西都差不多，价格也差不多。导致差异最主要的原因，就是服务人员没有掌握好与客户沟通的技巧。

这些服务人员的沟通内容大多枯燥敷衍，甚至连赞美也说得毫不走心，让客户对产品完全没有兴趣。如果你跟对方的沟通引不起对方的一丁点兴趣，反而还让对方心生反感，那你的生意肯定做不成。

要想一开口就引起对方的注意，给对方留下好印象，就要在沟通过程中注意“投其所好”。找准对方的兴趣点，围绕对方的兴趣点展开沟通，这比任何恭维都更重要。

乐凯是某市大型商场的市场部经理，某日，他拿着一沓资料来到郊外一家户外用品制造厂。厂长把乐凯带进办公室，二人就合作事项展开了讨论。

乐凯费尽口舌，都没让户外用品厂的厂长点头。于是乐凯喝了口水，暗暗提醒自己一定要沉住气，于是用很放松的闲聊口气，装作无意提起的样子说：“我记得之前看到手机里有一条推送新闻，说有很多喜欢露营和极限运动的年轻人，都更青睐贵厂生产的产品。”

一聊起这个话题，厂长立马换上了一副笑眯眯的样子。他一边喝咖啡，一边笑着说：“是吗？前段时间确实来了个记者模样的人，没想到我们厂子的产品还上新闻了啊。”

乐凯立马竖起大拇指，说道：“贵厂生产的产品质量过硬，样式也新颖，这是全市都知道的事情。”

厂长摩拳擦掌地说：“是啊，是啊，没错。咱们市里各大门店销售的帐篷、安全绳、户外器材，有一大半都是我们厂生产的，年轻人当然喜欢。我们用的都是进口材料，不仅结实耐用，而且样式美观，性价比特别高。”

就这样，乐凯把这个话题延伸开，和厂长聊了起来，俩人热火朝天地说了一个多小时。在跟厂长告别时，对方竟然主动提出要跟乐凯合作的事，原因是乐凯很有眼光，懂得欣赏他们厂生产的产品。厂长还约定了下次双方见面的时间、地点，显得非常热情。

俗话说“酒逢知己千杯少，话不投机半句多”，如果你聊的话题正好是对方感兴趣的，或是对方擅长的，哪怕说个天昏地暗，对方也只会觉得意犹未尽。

因此，在职场也好，在生活中也好，不要张口闭口都说自己感兴趣的。弄清楚对方喜欢说什么、听什么，在一分钟职场表达术中也是十分重要的。

那么在表达过程中，我们应当如何快速找到对方感兴趣的话题呢？

这点其实很简单，第一要素就是“抬着”对方说话。即便是再淡泊名利的人，也喜欢别人对自己有很高的评价。在潜意识中，每个人都希望自己成为别人的谈话中心，希望听到别人对自己的赞美。所以，在与人沟通时，不妨多谈论对方，少展示自己。

想要找到对方的兴趣点，通常都是很容易的事。只要你有一双善于发现的眼睛，在交谈过程中察言观色，有条件的时候，还可以像罗斯福总统那样做好事前调查，根据对方的喜好制定沟通话题。毕竟知己知彼，才能百战不殆。

接下来，如何迅速找准对方的“兴趣点”，进行有效沟通呢？主要有以下三点。

1. 多读书，读广书

在生活中，我们一直强调学东西在精不在多，职场表达术却与之截然相反。“读广书”的意思，就是让你对各门各类的知识都了解一点，不仅要多看文学方面的书，科学、历史、地理、音乐、自然等领域的书都要有所接触。

这些书本资料，无一不是你日后的谈资，都可以给你往后的职场表达创造话题。不要局限自己的读书范围，就像蜜蜂采蜜一样，如果只在一朵花上徘徊，就算给它一年时间，它又能采出多少蜜呢？

学识丰富的人，在任何场合都能做到驾轻就熟，不管是“风花雪月”还是“柴米油盐”，他们都能信手拈来、畅所欲言，一张嘴就是有哲理的金句，一开口就能打动人心；而只对自己专业熟悉，对其他事情一窍不通的人，在沟通中往往只能缄口不言。

2. 有意识地开阔眼界

目光短浅的人，说出来的话注定毫无营养，甚至让人发笑。试想，一个人即便受过很好的教育，而且出身高贵，但丝毫不肯开阔眼界，认为自己知道的那点东西就是全宇宙知识，和这样的人沟通，只能是“夏虫难以语冰”，让表达平白失去了色彩和意义。

3. 提高自己的说话水平

说话水平的高低，其实也跟你的知识储备量息息相关。如果你对某方面不擅长、不熟悉，那遇到这类话题时只能干瞪眼；如果你涉猎广泛，那么在任何场合都可以发表自己的见解，一开口就让对方刮目相看。

当然，也有人读书很广泛，但到了表达的时候却说不出话来。这时，提高自己的语言技巧就相当重要了。不妨把感兴趣或擅长的话题抛给对方，引导对方说出其感兴趣，且你自己擅长的问题，然后以解答者的姿态与之交流，这样，不仅能撬开对方的嘴，还能在短时间内让对方佩服你渊博的知识面，从而与你展开更深入的沟通。

主动表达，不做办公室“隐形人”

在职场中有很多这样的人，他们兢兢业业工作了两三年，事业却毫无起色，依然做着刚入职时的工作，工资也维持原状不变。他们看着身边的同事不断地升职加薪，心里满是抱怨和牢骚：我这么努力，能力也不比他们差，为什么总是在原地踏步呢？

之所以会陷入这种境地，其中一个可能的原因是你在不经意间成了办公室“隐形人”。

这种“隐形人”的特点是：每天都很忙碌，总是做着最繁琐的事情，在别人眼里却是做着最基础、最没有价值的工作；

他们总是默默完成所有事情，从来不抱怨，却被别人看成工作轻松简单；

他们总是一个人埋头苦干，很少麻烦同事，却成了沉默寡言、不善于沟通的“另类”；

他们总是默默工作、埋头苦干，尽量将每一件事情做得很好，却被领导认为只能做这一块儿小事，没有任何大的发展。

想要在职场中闯出一片天地，就要拒绝做办公室“隐形人”，职场不欢迎总是默默付出而从不主动表达自己的人。那么，应该如何摆脱办公室“隐形人”呢？

1. 让领导看到你，让领导知道你有一颗上进的心

也许有人会问，我每天都勤劳工作，难道领导看不到吗？领导每天也有很多工作，他是公司的引导者和领路人，每天需要接待很多客户，需要开各种会议，没有时间用来刻意去发现你的优点。

想要获得领导的关注，首先，要出色完成自己的本职工作，让领导认可你的工作能力。如果本职工作都没有做好，就算后面你再努力也是白搭。

其次，在完成本职工作的基础上，多参与其他部门的工作，尤其是那些出现困难，需要人手的部门。主动多承担一些工作，虽然看起来比较辛苦，但是越辛苦，就越是你成长加快的时候。

在领导需要的时候多支持他，他会记住这份恩情，在你有需要的时候多想着你。人和人的相处都是相互的，但是总得有一方先付出，这一方最好是你。

最后，要积极和领导进行沟通，让他知道你有一颗渴望上进的心。沟通的时候，你可以向他陈述自己的工作目标，询问他对你工作上的评价，征求他对实现目标的意见。如果这样的话在平时不方便说，在年终绩效评估和年初目标设定时一定要和领导进行沟通，不要让目标设定和绩效评估成为一个形式而已。

做绩效评估时，一定注重挖掘自己的工作价值，不能只说你做了什么，还要说明你的附加价值。如写上你的工作是整理客户清单，同时还要写出整理客户清单的意义使所有报表客户名称标准化，报表使用者可以更加方便进行数据对比和分析。

你整理客户花费了很多时间，但是不说出这件事情所带来的价值，就不会给领导留下深刻印象，他就以为你只是做了一件小事。因此，不要总是强调你做了什么工作，还要重点强调你所做的工作能给公司带来什么样的价值，这样才能更好地获得领导的关注。

平时要尽量把目标设得高一点，并且向领导请教需要改进的地方，告诉领导你需要得到什么样的支持。比如，你可以和领导说你在这个工作岗位上已经做了很长一段时间，想要尝试一些其他工作；告诉领导以你的工作经验可以在哪些岗位有更好的发挥，你的工作能力和哪些职位更匹配；你希望锻炼什么样的能力，领导需要怎样配合你等。

一定要和领导说出你的想法。你不说出来，领导永远不知道你到底是怎样的员工。把握好年末年初的这段时间，主动和领导进行沟通，让自己的光芒散发出来。

2. 多让同事看到自己

在获得领导关注之外，还要获得同事的关注，营造良好的口碑，为自己积累更多的人脉。在工作中，不要仅限于和本部门的人交往，还要多和其他部门的人联系。只有这样，你的职业道路才能越走越宽，之后的路才能越走越好。

在跨部门会议上要勇于发言，发表自己的观点和看法，让更多的人看到你的才华，不要总是充当会议的背景墙。积极抓住跨部门分享的机会，打造自己的亮点。尤其是刚到一个新的工作单位，初来乍到，和公司的同事都不熟悉，此时的工作能力又没有突出到可以在会议上露脸，这时就要尽快和那些老员工搞好关系。

作为一个新人，没有突出的工作业绩，很少会有人主动来关心你，这时你要尽力使自己融入老员工的圈子，主动开口。

比如，主动参与到同事的讨论中；见面主动和人打招呼，不要害羞；电梯里碰到同事，主动和他们聊聊天；平时大方一点，多在办公室准备小零食，请同事品尝，营造良好的互动氛围；尽量和同事一起吃饭，增进彼此的了解，不要总是躲在角落里。

3. 打磨自己的能力

在一个工作岗位上待久了，你的能力只能满足现有的工作，此时的你可能觉得自己很出色，但是当你升任一级的时候，就会发现自己还有很多不足。因此，在工作中不能自我满足，要不断自我充实，弥补能力上的不足，以便适应各种不可知的变化。不要等到机会到来的时候再去学习相关技能，那样，机会很可能就会被有准备的人抢走了。

如果你想要升职加薪，就要不断学习，在工作中勤于练习，练习一些不是自己分内工作的事情，提升自己各方面的能力，你才能更快地成长。

除此之外，还要勤于思考，尤其是领导和同事的某些做法你不理解的时候，不要急于反驳，而是应该思考他们为什么要这么做。要站在对方的角度去思考问题，只有这样，才能想得更加全面、看得更远。

4. 定期总结自己的工作

定期为自己的工作做一个总结，以一周或者一个月为单位，总结包括做得好的方面和做得不好的方面，通过这样的总结发现自己工作中的不足，并且不断改进，提高自己的能力。

赢得好人缘，练就口才套近乎

电影《阿飞正传》中有一段关于搭讪的经典片段。

男主角：“看着我的表一分钟。”女生看完，男主说：“16号，4月16号。1960年4月16号下午三点之前的一分钟，你和我在一起。因为你，我会记住这一分钟。从现在开始，我们就是一分钟的朋友，这是事实，你改变不了，因为已经过去了。我明天会再来。”

这无疑是男女间文艺型快速搭讪的完美示范。其实搭讪并不局限于男女之间，它可以指在各个场所主动与异性或者同性说话，也不专指陌生人，熟人之间也会用到搭讪的学问。

近些年，随着大家对“如何更好地、更快地表达自己”这个问题的重视，搭讪也随之被提升到了艺术的高度。我想，其中一个重要原因就在于搭讪可以实实在在地给我们带来好处，如提升自信、扩大社交圈等。

搭讪，尤其是职场搭讪，是成功人士必备的一项技能。如果说搭讪是情商的一部分，相信没有人会反对。搭讪是有技巧的，但是在运用这些技巧之前，我们要解决的第一个问题是勇气。

很多人觉得主动搭讪是一件很糗的事情，也可以称为没面子。面子对很多人来说非常重要，我国古代就有“士可杀，不可辱”的说法，人们宁愿丢了性命，也不能丢了面子。但也有“韩信受胯下之辱”而千古留名的美谈，忍别人所不能忍，才能为天下所不能为。

为了搭讪而丢掉的面子和胯下之辱简直没有可比性，当然，带来的好处也是不一样的。在现代社会中，虽然搭讪不会让你“流芳千古”，却可以给你提供很多意想不到的机会，多认识一个人，也就多了几条路。

在职场中，如果你是一名新人，自然不能指望前辈们主动前来和你搭讪，他们互相之间已经很熟悉，已经有了自己固定的相处方式，并没有非要和新人“混熟”的理由。而你到了一个新单位，很多东西不知道，需要向前辈请教，所以需要快点与单位的前辈熟络起来，好开展自己的工作。

如果你并不是初入职场，同样每天都要用到搭讪，和领导搭讪、和同事搭讪、和新人搭讪。和领导搭讪，也许并不是为了给自己带来好处，而只是出于礼貌或者规避给自己带来的坏处，毕竟在电梯里遇到领导，沉默似乎是种不妥的行为。

和同事搭讪也是常会遇到的事情，虽说是平级，但如果你能主动说话，会给人一种你很随和、亲切的感觉，工作气氛变得轻松些，也不容易树敌。

虽说作为职场“老人”，从某个角度来说不必主动和新人打招呼，但如果你能这样做，也是在为自己以后铺路。所谓“得人心者得天下”，有好人缘的人，晋升也会比较快。你成为领导之后，手下们也比较信服。如果新人特别有能力，成为你的领导，想起他在刚来公司时你对他的友好，你接下里的工作也会少些阻碍。

现在的公司大都在商业办公楼里，于是就有了每天都见面的陌生人，如隔壁公司的人。可能你们每天上下班的时候都会在电梯里遇见，但从来没有说过话，这些人其实都是你身边的潜在资源。所以无论你是处于哪个身份或角色下，主动搭讪都是一件没有坏处的事情。

如果你现在开始能够正视搭讪这件事情，不会因为面子问题而胆怯，那就来看一看搭讪的实际操作。

首先，要将自己塑造成一个容易亲近的形象，如常微笑、乐于与人目光接触、善于使用肢体语言等融入周围环境。

另外，无论是不是为了展现情商或者搭讪，懂得尊重和不卑不亢这两点都是非常重要的，不要因为对方的职位比自己低或资历比自己浅，就摆出冷漠脸，甚至恶语相向，而是要把对方当成朋友一样对待。

其次，寻找容易引发交谈的机会。很多大公司内部同事之间都会有一些共同兴趣群，多参与这些工作之外的活动，相信你会结识到很多与你有着相同兴趣、爱好的“新”同事。

工作时，整个公司的气氛应该是偏严肃的，同事都想着更高效率地完成工作，这时不适合搭讪。当同事去到公司以外的地方活动时，大家的状态放松，那时容易搭讪，结识新的朋友。

如果没有这样的团体活动，可以在公司楼下的咖啡馆来个偶遇，脸熟的同事在附近咖啡馆遇到后，一句“你也喜欢摩卡吗”很自然就开启了话题。

然后要学会闲聊。闲聊是人与人之间交谈的重要组成部分。一个人不擅长和人沟通交流，多数是找不到合适的谈话时机和话题。其实你可以用打招呼的方式开始，谈谈天气，说说周末都是怎么过的；也可以试着说一下近期比较热门的社会新闻，观察对方的反应，看其是否感兴趣展开话题。

还可以和当时所在的地点结合起来，如果是在茶水间，可以随意说点关于茶叶、饮料的话题；在餐桌上，可以说一下今天的饭菜好不好吃。以轻松的话题开始交谈，一开口就能拉近彼此的距离。

接着，要会“听”和“问”。在聊天时，要表示对对方所说的话题感兴趣，并提出合理问题，以促使对方继续往下说。而且，问对方的问题最好不要是选择题，让对方只能回答“是”或“不是”，而是要多问一些主观题，如对方的感受之类的，这样可以给人展开话题的余地。

最后，要将这段搭讪变成长期的互动关系，可以在社交软件上互相关注对方，为第二次见面沟通做好铺垫。

好的开头是成功的一半，寻找一个好的搭话契机是完美沟通的开始。只有掌握以上技巧，在职场表达术中灵活运用，才有助于你人际关系的拓宽，一开口搭讪就能为自己赢得好人缘。